汪平 车玉茜 著

学说苏州语

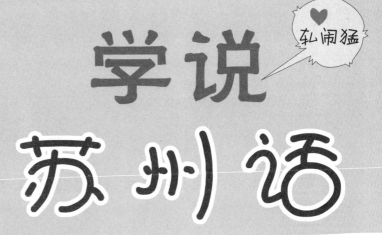

扫码可在线免费
播放本书配套音频

苏州大学出版社
Soochow University Press

图书在版编目(CIP)数据

学说苏州话/汪平,车玉茜著. —苏州:苏州大学出版社,2012.8(2020.11重印)
ISBN 978-7-5672-0008-1

Ⅰ. ①学… Ⅱ. ①汪…②车… Ⅲ. ①吴语—口语—苏州市—教材 Ⅳ. ①H172

中国版本图书馆 CIP 数据核字(2012)第 186045 号

书　　　名:	学说苏州话
著　　　者:	汪　平　车玉茜
策　　　划:	刘　海
责任编辑:	郑亚楠
装帧设计:	刘　俊
出版发行:	苏州大学出版社(Soochow University Press)
出 版 人:	张建初
社　　　址:	苏州市十梓街1号　邮编:215006
印　　　刷:	苏州恒久印务有限公司
网　　　址:	www.sudapress.com
E-mail:	Liuwang@suda.edu.cn　QQ:64826224
邮购热线:	0512-67480030
销售热线:	0512-65225020
开　　　本:	700 mm×1000 mm　1/16　印张:15　字数:223千
版　　　次:	2012年8月第1版
印　　　次:	2020年11月第5次印刷
书　　　号:	ISBN 978-7-5672-0008-1
定　　　价:	36.00元

凡购本社图书发现印装错误,请与本社联系调换。服务热线:0512-65225020

序

苏州作为历史文化名城，积淀着数千年悠久的文化遗存。苏州方言有着同苏州一样古老的历史，它的产生可以追溯到春秋时代。泰伯奔吴，带来中原地区的华夏语，同吴地百越民族语相融合，产生了吴地独有的用语，又经过两千多年无数的变异和融合，才形成了今天的吴侬软语。

长期以来，由于苏州在江南地区的重要地位和影响，苏州话一直是吴语的代表。昆曲、评弹，以及明清以来大量白话文学作品中都有苏州话的丰富、生动记录。苏州话成为全国最有影响的方言之一。

方言是一种资源，是文化之根，苏州方言的传承延续是苏州传统文化传承发展的基础。改革开放以来，苏州在推进经济又好又快发展的同时，也始终关注文明城市的建设和历史文化古城的保护，包括苏州方言的保护。

多年来，在市委、市政府的正确领导下，我市语言文字工作坚持率先发展、创新发展、科学发展，一手抓推广和普及国家通用语言文字，一手抓科学保护地方方言，弘扬优秀文化，构建和谐语言生活环境，取得了显著的成绩，受到国家语委、省语委的高度肯定和赞赏。

为了让更多的新老苏州人在一定的场合能使用流利的苏州话，增进对美好苏州的归属感和对苏州文化的认同感，市语委组织编写了这本《学说苏州话》教材。这是新时期我市语言文字工作紧紧围绕促进文化大发展、大繁荣，在率先高水平依法规范国家通用语言文字的基础上，全面启动"苏州方言保护传承工程"的重要举措。

本教材有一些特点：第一，课文内容口语化和生活化，反映

了地道的老苏州话;第二,课文内容包容了苏州的文化特色,读者在学习苏州话的同时,也能了解苏州文化;第三,科学性和普及性相结合。本书的主要编写者是苏州大学语言学教授,教材内容有深厚的专业基础,课文由浅入深,包含了苏州话语音、词语、语法等各方面的知识,既保证了教材内容的科学性,又充分注意普及性,例如,用苏州话拼音注音,代替专业性过强的国际音标等。

我们有理由相信,在文化大发展、大繁荣的背景下,在推广普通话这一基本国策不变的前提下,苏州一定会出现一个普通话和苏州话和谐相处的语言社会,苏州话一定会有更加美好的保护成果和传承前景。

苏州方言丛书

开头的话

　　分布在苏南和浙江一带的吴语是我国第二大方言,苏州话则是吴语的代表。在江南秀美山水的孕育下,苏州话被称为"吴侬软语",在吴语地区普遍被认为是最好听的方言,影响也最大。

　　上个世纪50年代,我国开始推广普通话,这是完全必要的。半个世纪以来,"推普"工作取得了很大成功。50年前的苏州,交际用语全是苏州话,但今天,中年以下的人恐怕已没有不会说普通话的了,这对苏州延揽全国人才、建成经济强市起了重要的作用。这本来是好事,但随之而来的是,越来越多的苏州人不能说标准和流利的苏州话,苏州话正在走向衰落。

　　我们认为,方言中蕴含着丰富的文化内涵,特别在苏州这样的历史文化名城,像昆曲、评弹这样的口头文化遗产,正是通过苏州方言来传达的。对于这些文化遗产来说,方言的消亡犹如皮肤的缺损,"皮之不存,毛将焉附",口头文化遗产也将难以保存。

　　我们希望的目标是建立一个"双言"的语言社会,方言跟普通话和谐共存,二者的使用各有分工。普通话是正式用语、工作用语;方言是非正式用语、生活用语。在工作场合、公众场合适宜用普通话;在家庭场合、私人场合可以用方言。在苏州,方言主要是苏州话,也不排斥其他方言。我们热烈欢迎大家学会苏州话,从而更好地融入苏州这方沃土。编辑本书,就表达了我们的诚意。

　　外地人乍一听到苏州人讲话,第一个感觉是讲得太快,听不懂。其实,任何方言,无论怎么难懂,它总还是汉语,它的根是跟普通话相同的,再古怪的发音,写成文字,还是中国人共同的汉字。写不出汉字来的说

法也有,但毕竟是极少数。只要多听,就会发现有许多生活常见的说法,写下来跟普通话是一样的,不同的只是发音。多听几遍,也就懂了。让人难懂的,除了发音外,只是一部分跟普通话不一样的词语,还有部分语法现象。本书的任务就是帮助大家解决这些困难。

近几十年来,苏州话的变化很大,从老年、中年到青少年,说的苏州话有明显不同。本书教的主要是老苏州话,因为只有老派才代表流传已久、被称为吴侬软语的苏州话,具有很多特色。此后的变化,使一向有的特色逐渐消退,最突出的如不分尖团。青少年的口音受到普通话的更多影响,有的地方甚至让老苏州人觉得不像苏州话了。考虑到现在社会上流行的情况,我们也适当地指出中年和青少年的不同说法,以免过于脱离现实。

本教材不仅适用于外来的朋友,也适用于原籍苏州的年轻人。因为他们说的苏州话越来越不纯正,让他们的父母听了直摇头,我们觉得很有必要在这方面再补补课,掌握好自己的母语,做一个更地道的苏州人。

一种语言,一般都包括语音、词语和语法三个部分,方言也不例外。本书的第一部分内容兼顾了这三项。其中语音部分专业性比较强,靠汉字记录语音是不行的。苏州话口语中有好多说法写不出字,只能写个同音字,有时连同音字也没有。好些音普通话没有,用汉语拼音也无法表示,只有国际音标可以记录苏州话。但音标太专业化,对一般读者不适用。为此,我们特地设计了一套苏州话的拼音,它是在汉语拼音的基础上,根据苏州话的特点改造而成的,希望能给读者学习提供方便。

我们在编写过程中淡化拼音,读者可以通过跟老师或录音模仿,不用完全依赖拼音。对拼音感兴趣的朋友,通过拼音可以学得更自在一些。编者还有一本《标准苏州音手册》,读者从那里可以通过拼音查到近6000个汉字的苏州话对应读音。

我们希望,学会苏州话能给读者朋友的工作、学习和生活带来更多的方便,也能够收获更多的快乐。

苏州方言丛书

目 录

第一部分 课文

第1课	打招呼	1
第2课	讲物事	5
第3课	讲事体	8
第4课	买小菜(上)	11
第5课	身体	15
第6课	天气(上)	19
第7课	吃饭	23
第8课	苏帮菜	27
第9课	看病	31
第10课	买衣裳	34
第11课	屋里	39
第12课	亲眷	43
第13课	日脚、辰光	48
第14课	昨日	52
第15课	朋友	56
第16课	修鞋子	61
第17课	时令节气	65
第18课	荡马路	69
第19课	问路	73
第20课	车子	77
第21课	搬场	80
第22课	生日	85
第23课	天气(下)	89
第24课	苏绣	93
第25课	隔壁乡邻	98
第26课	方言	103
第27课	哪搭人	107
第28课	买小菜(下)	111
第29课	修浧	116
第30课	年纪	121
第31课	到学堂	126
第32课	名胜	131
第33课	身份	137
第34课	做客人	142

第35课	小吃	147
第36课	评弹(上)	154
第37课	日常生活习惯	160
第38课	商量事体	164
第39课	小巷	168
第40课	郊游	174
第41课	园林	179
第42课	评弹(下)	184

第二部分　词语　俗语

常用词语补充	191
常用俗语	206
附录一　苏州话拼音方案	213
附录二　苏州话拼音与国际音标对照表	216
附录三　音节表	218

第一部分　课文

第1课　打招呼

课文

陆：倷是小顾啘，长远弗见！　　　　　　　　　　1

顾：老陆啊？倷蛮好啘？　　　　　　　　　　　　2

陆：蛮好。倷现在住辣哪搭佳？　　　　　　　　　3

顾：我搬到园区去哉，辣湖东得勒。　　　　　　　4

陆：怪弗道伲一直夠碰着歇。倷哀歇辣哪搭做佬？　5

顾：我换仔个单位，辣一家外资公司里做会计。　　6

陆：辩是灵该。　　　　　　　　　　　　　　　　7

顾：倷呢？　　　　　　　　　　　　　　　　　　8

陆：我末老本行啘，年纪到巴哉，终归哀点花头哉。　9

顾：瞎说则，倷葛年纪哪面大佳，好头浪啘。　　　10

陆：辩是倷讲得好。倷上班现在要远则？　　　　　11

顾：还好勒，横竖开汽车呀。　　　　　　　　　　12

陆：喔唷，弗早则，八点快则。　　　　　　　　　13

顾：蛮准。搭倷晏歇会。　　　　　　　　　　　　14

陆：明朝会！　　　　　　　　　　　　　　　　　15

释文

陆：（突然发现对方）你是小顾啊,好久不见！　　　　1
顾：老陆吗？你很好啊？　　　　　　　　　　　　　2
陆：很好。你现在住哪儿啊？　　　　　　　　　　　3
顾：我搬到园区去了,在湖东呢。　　　　　　　　　4
陆：怪不得咱们一直没见过面。你这一阵在哪儿干呢？　5
顾：我换了个单位,在一家外资公司当会计。　　　　6
陆：这很好啊。　　　　　　　　　　　　　　　　　7
顾：你呢？　　　　　　　　　　　　　　　　　　　8
陆：我还是老本行,年龄差不多了,就这样了。　　　　9
顾：哪儿的话,你年龄大什么,正是年富力强的时候。　10
陆：那是你说得好。你上班现在要远了吧？　　　　　11
顾：还行,反正开汽车。　　　　　　　　　　　　　12
陆：啊,不早了,快八点了。　　　　　　　　　　　13
顾：是啊,跟你再见了。　　　　　　　　　　　　　14
陆：明天见！　　　　　　　　　　　　　　　　　15

注释

长远弗见：打招呼时常说的话。

蛮：mē,同音字。相当于"很"。现在普通话受台湾地区"国语"的影响,很多人也说"蛮",其实,台湾地区"国语"的"蛮"就是从吴语来的。但要注意的是,苏州话"蛮"读第一声。

怪弗道：怪不得。

灵：好,棒,只能做谓语,不能做定语。如：辩只照相机灵葛。不能说"灵（葛）照相机"。

做：在这里专指做工作。

到巴：dāobo,到头,多用于年龄,即到年龄了。

花头：花样。在这里的意思是"状况"。"终归哀点花头"就是"总是这么个状况,不会改进"。这是日常常说的话。

瞎说:字面意思是"胡说",但在这里实际是客套话。对方因谦虚而贬低自己时,就会说"瞎说"。这也是常见的客套话。

好头浪:正是最好的时候,正当年。

还好勒:还可以。这也是常用口语。

横竖:wánsy,反正。"竖"读得特别,本是浊声母,这里读成清声母,跟"输"同音。

八点快则:快八点了。"快"放在"八点"之后,详见第二十四课"语法"。

蛮准:很对。对话中常用来表示完全同意对方的话。

晏歇会:ěxikwue,待会儿见。惯用的告别语,不一定就是很快要见面。"晏"ě,白读,与"爱"同音。另有文读yě,如"晏子"yězii。

明朝会:ménzaowe,明天见。也是常用的告别语。"明朝"ménzao,明天。"明"读音特殊。与"门"同音。

语法

人称代词

苏州话	普通话	苏州话	普通话	苏州话	普通话
我 ngû	我	倷 nê	你	俚 lī,唔倷 ǹne	他
伲 nî	我们	倷笃 ñdot	你们	俚笃 līdot	他们

"他"在苏州话里有两个说法:"俚"和"唔倷",可以随便用,没有明显区别。

在说"我的(××人)"(指亲属)时,苏州话用"伲"不用"我葛":"伲爷"(我的爸爸)。"你、他"也一样:"倷笃娘"(你的妈妈)、"俚笃阿哥"(他的哥哥)。但在指其他人或事物时,跟普通话一样:"我葛朋友"、"俚葛衣裳"。如果讲"伲葛老师",指的是"我们的老师"。

普通话有"咱们"的说法,跟"我们"不同。如"咱们一块儿去",意思是包括听话人一起去。苏州话没有这种说法,不管是否包括听话人,都

说"伲"。

普通话有"您"表示尊称。苏州话也没有,一律都用"倷"。

文化背景

1. "陆"和"顾"是苏州地区历史最悠久的两大姓,三国时期陆逊、顾雍就已是苏州名门望族。有人说,苏州话"哪个"lôgek,就是"陆、顾"log gǔ二字。这虽是传说,并不可靠,但由此也说明"陆、顾"二姓的影响。这里就以他们代表苏州人。

2. "你好、早上好"之类的问候语来自西方,旧时中国各地都没有,苏州也这样。这里介绍苏州旧时的习惯问候语。年轻人愿意用新的、普遍通用的问候语,如"倷好、早浪好",当然也可以。

练习

1. 读出下列词语并解释。

倷、伲、蛮好、灵、蛮准、还好勒、明朝会、晏歇会。

2. 情景练习。

假如你在路上遇见一个久违的朋友,你如何跟他打招呼?

 讲物事

课文

顾：哀个是啥物事？	16
陆：哀个是檀香扇。	17
顾：弯个一把呢？	18
陆：弯把是团扇。	19
顾：侪一滴滴大,风匣扇弗大。	20
陆：辫末倷就弗懂哉,辫个侪是倪苏州葛工艺品。	21
顾：倷哪面来葛？	22
陆：倪屋里祖浪传下来葛。	23
顾：阿好值几化铜钿佳？	24
陆：难讲葛。哀把檀香扇还是倪阿爹手浪葛勒。	25
顾：喔哟,辫是老价三哉。	26
陆：终归比倷只手机值铜钿。	27
顾：我葛手机是挨爱风啊。	28
陆：挨爱风匣无不用场,勤过几个号头就要跌。	29
顾：倷辫场比是,我只好响弗落啘。	30

释文

顾：这是什么东西？	16
陆：这是檀香扇。	17
顾：那一把呢？	18
陆：那是团扇。	19

顾：都比较小,风也扇不大。	20
陆：这你就不懂了,这都是我们苏州的工艺品。	21
顾：你这是哪儿来的?	22
陆：我们家祖上传下来的。	23
顾：能值多少钱?	24
陆：难说。这把檀香扇还是我爷爷手上的呢。	25
顾：哎,那就是大价钱了。	26
陆：总比你这手机值钱。	27
顾：我这可是IPhone啊。	28
陆：IPhone也没用,不用过几个月就要跌。	29
顾：你这样比的话,我就没话可说了。	30

注释

物事：megshiì,东西。"物"白读,与"末"同音。

侪：zé,相当于"都"。跟"才"同音,不知道本字,跟文言中的"侪"发音、意思差不多,我们就写作"侪"。

一滴滴：一点儿。

亚：ad,即"也"。同音字,可能其本字就是"也"。

辫末：gegmek,那么,应该是连词,但实际上常成为口头禅。如：辫末我明朝弗来则。

屋里：家里。

几化：jìho,① 多少；② 多么。有的人说成jiokho。

铜钿：dóngdie,原指当中有方孔的铜钱,现在是"钱"的统称。

阿爹：atdiá,祖父。

老价三：很贵的价钱。

挨爱风：ǎefong 这是英文IPhone的音译。注意,英文字母I在普通话里相当于"爱"ài一个字音,但在苏州话里相当于"挨爱"两个字音,并且"挨"ā、"爱"ě二字苏州话发音不同。

无不用场：没用,帮不了忙。"无不",没有,详见第十五课。"用场",

用处。

号头:"年月"的"月"。"几个号头"即"几个月"。又,"月初"叫"号头浪"。

响弗落:无话可说。这是惯用语,表示无奈和不满时常说。

语法

指示代词1　基本指代词

苏州话	普通话	苏州话	普通话	苏州话	普通话
哀 ē	这	弯 wē	那	㪗 geg	这,那
该 gē	这	归 guē	那		

苏州的指示代词比较复杂,一是相当于"这"和"那"的词各有两个,发音不同,意思完全相同,可以随便换用;二是还有一个"㪗",在说话人不想明确表示某东西是近的还是远的时,可以用"㪗",折合成普通话,当成"这"或"那"都可以。

指示代词可以用在很多方面,后面陆续介绍。

文化背景

檀香扇和团扇都是苏州著名的传统工艺品,以精致著称。

练习

1. 读出下列词语并解释。

伲、哀个、弯个、㪗个、祖浪、几化、响弗落、物事

2. 用苏州话讲下列句子。

(1) 我这把檀香扇还是我爷爷传给我的。

(2) 刺绣、檀香扇都是我们苏州有名的工艺品。

第3课 讲事体

课文

陆：倷勒海作啥？	31
顾：我勒海寻皮夹子。	32
陆：喏，就辣弯面台子浪啘。	33
顾：喔，真葛拿，我匣寻仔半日哉，亏杀倷。	34
陆：倷要出去啊？	35
顾：我想去买双鞋子。	36
陆：我记得倷上个号头刚刚买过一双啘。	37
顾：是骨，现在葛物事实头搭浆葛。	38
陆：倷到哪搭去买佳？	39
顾：园区辩面的物事现在弗错，我想去看看看。	40
陆：我倒匣用得着买一双。不过齐巧老朱要来看我。	41
顾：哪个老朱？	42
陆：我以前葛小朋友啘，伲长远勿碰头哉。	43
顾：阿要搭倷带一双？	44
陆：喔，弗来事葛，鞋子还是要自家试葛。谢谢倷！	45

释文

陆：你在干什么？	31
顾：我在找钱包。	32
陆：瞧，不就在那边桌子上。	33
顾：啊，真的。我找了半天了，亏得你。	34

陆：你要出去吗？　　　　　　　　　　　　　　　35
顾：我想去买双鞋。　　　　　　　　　　　　　36
陆：我记得你上个月才买了一双呢。　　　　　37
顾：是啊，现在的东西质量真差。　　　　　　38
陆：你到哪儿去买呢？　　　　　　　　　　　39
顾：园区那边的东西现在不错，我想去看一下。　40
陆：我倒也用得着买一双，可正好老朱要来看我。　41
顾：哪个老朱？　　　　　　　　　　　　　　42
陆：我小时候的朋友，我们很久没见面了。　　43
顾：我给你带一双，好吧？　　　　　　　　　44
陆：啊，不行，鞋还是要自己试穿。谢谢你！　45

注 释

事体：事情。

皮夹子：钱包。

台子：桌子。

亏杀：qūsat，幸亏。"亏"白读。在"亏损"中是文读：kuē。

实头：segdhòu，副词，简直、真是。两个字都是同音字。

搭浆：datzián，① 质量差；② 做事马虎。

不过：bikgú，"不"在这里发音特殊，与"必"同音。

齐巧：síqiao，正巧

小朋友：① 跟普通话同义；② 幼年时的朋友，年轻人之间的朋友。
如：小王是倪儿子葛小朋友。

长远：sânyoe，好久。"长"读阳去。

碰头：会面。

弗来事：不行。"来事"即"行"。

语 法

指示代词2　指代事物

指代的事物可以有很多。这里举三个做代表：

哀个(物事东西)	弯个(物事)	瓣个(物事)
哀桩(事体事情)	弯桩(事体)	瓣桩(事体)
哀点(货色货)	弯点(货色)	瓣点(货色)

"哀点"相当于"这些"。"该"和"归"的用法分别跟"哀"、"弯"一样，不再列举。

练 习

1. 读出下列词语并解释。
事体、亏杀侬、齐巧、碰头、实头、搭浆、弗来事

2. 用下列词语造句。
搭浆——
弗来事——

3. "哀"是什么意思？下列带"哀"的词语各是什么意思？
哀个、哀桩、哀点、哀歇

买小菜（上）

课文

顾：倷葛小菜是辣哪面买葛佳？	46
陆：小菜场买葛。小菜场的菜要新鲜点。	47
顾：倷舜点大排要几铜钿一斤？	48
陆：十五块一斤。	49
顾：我想买条回鱼，朆买着。	50
陆：小菜场有骨，毕活鲜跳。	51
顾：青鱼呢？	52
陆：青鱼匣有葛，就是大淘点葛弗多。	53
顾：倷点长豇豆稍为老着点。	54
陆：唉。不过哀点辣火几化新鲜啊。	55
顾：小菜场阿有蓬哈菜佳？	56
陆：舜倒朆看见。菜见有葛。	57
顾：阿绍？我还想买点蕹菜勒。	58
陆：小菜场里匣有骨，倷去看哩。	59
顾：蛮好，我等歇就去。	60

释文

顾：你这菜是在哪儿买的？	46
陆：菜场买的。菜场的菜要新鲜一些。	47
顾：你这些排骨多少钱一斤？	48
陆：十五元一斤。	49

顾：我想买一条草鱼,没买到。　　　　　　　　　　50
陆：菜场有啊,鲜活的。　　　　　　　　　　　　51
顾：青鱼呢?　　　　　　　　　　　　　　　　　52
陆：青鱼也有,就是大一些的不多。　　　　　　　53
顾：你这豇豆稍老了点儿。　　　　　　　　　　　54
陆：是。不过这辣椒多新鲜。　　　　　　　　　　55
顾：菜场有茼蒿菜吗?　　　　　　　　　　　　　56
陆：这倒没看见,但有油菜苔。　　　　　　　　　57
顾：是吗?我还想买点空心菜。　　　　　　　　　58
陆：菜场也有,你去看吧。　　　　　　　　　　　59
顾：行,我这就去。　　　　　　　　　　　　　　60

注　释

小菜：即通常说的做副食吃的"菜",包括生的和熟的。
新鲜：siēsie,"新"发音特别,跟"鲜"同音。
大排：带脊椎骨的猪肉。
十五块：sòngkue,"十"在这里发音特殊,与"舍"同音。
回鱼：草鱼。"回"是同音字。
青鱼：cīng,"青"发音特别,与"妻"同音。
大淘点葛：大一点儿的。
长豇豆：豇豆。
老着点：老了点儿。
辣火：辣椒。
蓬哈菜：茼蒿菜。
菜见：油菜苔。"见"是同音字。
蕹菜：空心菜。"蕹"ōng读如"翁"。

扩展词语（常见鱼类、蔬菜）

鲢鱼：包括鲢鱼和鳙鱼。

白鲢：bakliê，鲢鱼。

花鲢：hōlie，鳙鱼。

鲫鱼：zik'ńg，也可读成 zǐ'ng，"鲫"与"祭"同音。

鳜鱼：jū'ng，"鳜"白读，与"居"同音。在苏州名菜"松鼠鳜鱼"中，一般读文读：guē'ng，与"桂"同音，也可写作"桂鱼"。

盎丝鱼：āsii'ng，江南一带的淡水鱼，不大，有须，鱼刺少。"盎丝"都是同音字。

塘里鱼：dángli'ng，产于江南一带的淡水鱼，与"盎丝鱼"类似。

银鱼：ní'ng，产于太湖的一种特别小的鱼。"银"读如"泥"。

裙带鱼：带鱼。

黄鳝：鳝鱼。

脚鱼：jiak'ńg，甲鱼，鳖。注意，苏州话"脚 jiak、甲 jiat"不同音，按实际发音，应是"脚鱼"，不是"甲鱼"。

蟹：hà，螃蟹，苏州话不说"螃蟹"。

大闸蟹：dúsadha。产地在苏州和常熟交界的阳澄湖。"闸"是同音字，不清楚本字。

毛豆：新鲜的大豆，常见蔬菜。

青菜：白菜的一种，叶子为深绿色，常见蔬菜。

小青菜：一种较小的青菜。

鸡毛菜：小青菜的秧，作菜吃。

白菜：大白菜，不包括其他各种白菜。

卷心菜：圆白菜（叶子卷成球状的），或称"包菜"。

药芹：芹菜的一种，长在旱地里，即各地常见的芹菜。

苋菜：xièce，① 苋菜的总称；② 专指红苋菜。

荠菜：siàce，一种常见野菜，多用作馄饨的馅儿。"荠"发音特别，跟"谢"同音。

老卜：láobog，萝卜。

茭白：gāobag。

莴苣笋：wūjusen，莴笋。

山芋：甘薯。
洋山芋：马铃薯。更老的说法是"洋芋艿"。
大蒜：青蒜，嫩的蒜梗和蒜叶。苏州人多用作像葱一样的调味品。
大蒜头：蒜头，蒜的鳞茎。苏州人不生吃，多泡在糖、醋中作酱菜。
扁蒲：biěbhu，瓠子。

语音

白读与文读

我们都知道，汉字有很多多音字。多音字的情况各有不同，其中主要的一种就是白读与文读。同一个字，用在日常生活中时用白读，用在书面词语中时用文读。例如普通话"剥、削"二字，在"剥了皮吃"、"削了皮吃"中分别念 bāo、xiāo，在"剥削"这个词中念 bōxuē。

苏州话有文白读的字比普通话要多。有时，我们已经想不到两个不同用法的字其实是同一个字的文读与白读。例如"无锡"的"无"，见到这个字，苏州人都读 fú，是文读。说话时常说"无不"，一般人不知道前一个是什么字，有人造了一个"朆"，其实就是"无"的白读。本课的"物事"的"物"用白读，如果说"事物"，就用文读：siifeg。

后面我们常常会碰上有文白读的字。

练习

1. 读出下列词语并解释。

小菜场、哪面、鞈点、回鱼、大排、扁蒲、匣有、大淘点

2. 用线条连接下列相同意思的词。

苏州话　　　普通话
辣火　　　　茼蒿
蓬哈菜　　　油菜苔
菜苋　　　　空心菜
蕹菜　　　　辣椒

第5课 身体

陆：哀两日弗大适意。	61
顾：捺亨佬？	62
陆：头颈弗来事,僵哈哈,勃弗大转。	63
顾：颈椎病啘。	64
陆：肩架匣酸得来。	65
顾：哀个蛮难弄葛。	66
陆：我葛骨头佾有问题,身浪骨节骨骱佾弗活络。	67
顾：辩末是关节炎啊？	68
陆：倷看我葛两只节头子,关节佾有点哈。	69
顾：哀只指人节头顶厉害,小密节头匣有滴滴。	70
陆：脚馒头匣有点弯弗转,部下来部弗动。	71
顾：走路呢？	72
陆：走路来三葛,脚里向力道倒有葛。	73
顾：要么去看看中医看？	74
陆：是该,明朝有点事体,后日去。	75

释文

陆：这两天不太舒服。	61
顾：怎么啦？	62
陆：脖子不行,发硬,转动不灵。	63
顾：颈椎病啊。	64

陆：肩膀酸得很。	65
顾：这很难治。	66
陆：我的骨头都有问题，身上关节到处都不灵活。	67
顾：那是关节炎吗？	68
陆：你看我的两个手指头，关节都有点肿。	69
顾：这个食指最厉害，小指也有点儿。	70
陆：膝盖也有点弯不下，蹲不下去。	71
顾：走路呢？	72
陆：走路还行，腿里还有劲。	73
顾：要不去看一下中医？	74
陆：是的，明天有事，后天去。	75

注 释

适意：身体或心理上的舒服。区别于苏州话中的另一词"写意"，"写意"指环境带来的舒适感受。

头颈：脖子。

僵哈哈：发硬的样子。

勃：beg，来回转动。同音字。

勃弗转：（头）回不过来。

肩架：jiēga，肩膀。

酸得来：很酸。"……得来"表示"很……"。

难弄：难办。

骨节骨骱：guekzikguekga，各个关节。

活络：weglok，（东西）不固定，（人）灵活。

节头子：手指头。也可以说"节头"。

哈：hē，肿。本字应是"虚"。

指人节头：食指。

小密节头：siǎomikzikdou，小指。"密"是同音字。

滴滴：一点儿。

脚馒头：膝盖。

部：bû，蹲，这是同音字。

来三：lése，"行不行"的"行"。"三"是同音字。也可以说"来事"léshii。

脚：这里的"脚"实际是指"腿"。

力道：力气，劲。

后日：ôunig，后天。

扩展词语

身体

头：脑袋。

面孔：脸。

额角头：额头。

鼻头：begdòu，鼻子。

馋唾：sétu，唾沫。

下巴：óbho，注意，"巴"发音特殊，与"爬"同音。

学咙：oglòng，喉咙。第一个字发音特殊，与"学"同音。

花掀：hōxie，哈欠。两个都是同音字。

节掐子：zikkatzii，指甲。也叫"节掐"zikkat。

大密节头：dúmikzikdou，大拇指。

赤脚：cakjiak，光脚。

背心：bēsin，背部。如：背心浪有点痒背上有点痒。不是指衣服。

肚皮：dúbhi，腹部。

脚节头：脚趾头。

语 法

指示代词3　指代时间

指代时间的词原来也有好多个，这里只介绍现在常用的三个。

哀歇 ēxiek 表示"这时候、眼下"。

苏州话还常说"现在",二者意思相同,"哀歇"可能更土一点,但"现在"也是正宗的苏州话。

哀枪 ēcian　哀枪势里 ēciansyli　都表示"这一阵"。

练 习

1. 解释下列词语,并将画线的词语造句。

蛮难弄、侪有、哈、来三、弗大适意、掭亨佬、弗来事、小密节头、脚馒头

2. 将下列句子译成普通话。

(1) 掭个几日我有点弗大适意,头颈勃弗转来,僵哈哈葛。

(2) 哀枪伲忙得来,明朝礼拜日匣有事体。

天气（上）

课文

顾：哀两日天有点弗大对。刚刚辂太阳旺煞，闸生头里落雨则。　　76

陆：黄梅天末就实梗啘。　　77

顾：倷看弯面天浪还有条鲎勒。　　78

陆：倷听，像煞有点雷响。　　79

顾：是该。喔唷，雨越落越大则。　　80

陆：阵头雨，一歇歇就要停葛。　　81

顾：倷看哩，外头葛过路人觅得汤汤渧。　　82

陆：我明朝要出差勒，落雨就讨厌则。　　83

顾：我听见天气预报，明朝倒是天好。　　84

陆：曼得弗落雨，阴子天匣弗要紧。　　85

顾：前几日匣有点荫气勒，哀两日倒暖热得多则。　　86

陆：但是热得媼塞。　　87

顾：伲屋里车库地浪有点勒海出水。　　88

陆：被头匣摸勒海潮扭扭，亦弗好拿出去晒。　　89

顾：谢天谢地，黄梅天快点过去吧。　　90

释文

顾：这两天天气有点不正常。刚刚太阳很大，突然下雨了。　　76

陆：黄梅天就这样。　　77

顾：你看那边天上还有虹呢。　　78

陆：你听，好像有点雷声。　　79

顾：是啊。啊,雨越下越大了。	80
陆：雷阵雨,一会儿就要停的。	81
顾：你看啊,外面路人淋得浑身湿透了。	82
陆：我明天还要出差呢,下雨就麻烦了。	83
顾：我听见天气预报,明天倒是晴天。	84
陆：只要不下雨,阴天也没关系。	85
顾：前几天还有点凉,这两天倒暖和多了。	86
陆：但是热得不舒服。	87
顾：我们家车库地上有点出水。	88
陆：被子摸着有点潮,又没法拿出去晒。	89
顾：谢天谢地,黄梅天快点过去吧。	90

注 释

弗大对：不太正常。

旺：yâng,白读,专用于火旺或形容晴天的太阳。"兴旺"的"旺"文读：wâng。

闸生头里：sadsàndouli,突然。

落雨：下雨。

鲎：hǒu,虹。

像煞：好像。

雷响：打雷,雷声。

越……越……：yig,白读。另有文读 yueg。

阵头雨：雷阵雨。

一歇歇：一小会儿。

氙：tok,这里的"氙"是"淋雨"的"淋"。"氙"是同音字。

汤汤渧：tāntandi,"汤汤"不是本字,也不是同音字,只是音近的字。"汤"本应读 tāng。

讨厌：①跟普通话同；②(事情)难办、麻烦。这里的"讨厌"是②义。

天好：天晴。也可以说"好天",即"晴天"。

曼得：jiǎodek，只要。"曼"是个合音字。

阴子天：阴天。

荫气：yīnqi，（天气）凉。

暖热：暖和。

殟塞：weksek，说不出的难受。如：心里殟塞得来！也可说"齆"ǒng。

被头：被子。

潮扭扭：湿乎乎。

亦：yig，副词"又"。

扩展词语

阴头里：太阳照不到的地方。

霍显：hokxiè，闪电，名词。二字都是同音字。

迷露：mílu，雾。

风凉：fōnglian，凉快。

热显：nigxiè，太阳光带来的热浪。如：哀只房间西晒，热显弗得了。"显"是同音字。

语 法

主要方位词

浪 lâng、浪向 langxian

这两个意思一样，都相当于普通话表方位的"上"。如：

天浪、地浪、台子浪

里 lî、里向 líxian

两个意思一样，都是"里"。如：

屋里家里、心里、学堂里学校里

搭 tat

相当于"××这/那儿"。如：

小王搭小王那儿、老师搭老师那儿、倷笃搭我们这儿、俚笃搭他们那儿

跟指代词结合时,还可以说"搭点 tatdie"或"搭摊 tatte",三者意思相同,都相当于"里"。如:

哀搭、弯搭、哪搭

哀搭点、弯搭点、哪搭点

哀搭摊、弯搭摊、哪搭摊

其他方位词跟普通话差不多,不再介绍。

练 习

1. 读出下列词语并解释。

鲞、落雨、实梗、曼得、旺、地浪

2. 选择合适的词语填空。

闸生头里、煴塞、像煞、一歇歇、瓦得、汤汤渧、阴子天、潮扭扭、亦、今朝

＿＿＿＿天气预报＿＿＿＿是＿＿＿＿,＿＿＿＿落起雨来则。＿＿＿＿我＿＿＿＿。

＿＿＿＿太阳亦出来了,葛个天真家伙,弄得人＿＿＿＿得啦。衣裳、被头摸上去侪＿＿＿＿,＿＿＿＿不敢拿出去晒。

第 7 课　吃饭

课文

顾：倷面阿欢喜吃葛？　　　　　　　　　　　　　　　91
陆：我是要吃饭葛，面食是弗来葛。　　　　　　　　92
顾：早浪吃点心呢？　　　　　　　　　　　　　　　93
陆：早浪吃碗面倒无啥，焖肉大面。　　　　　　　　94
顾：我是早浪匣曼得吃粥好则。泡粥，老卜干，来得葛灵。　95
陆：倪屋里多数日脚早浪匣是吃粥葛。　　　　　　　96
顾：而且倪苏州人吃饭侪要吃大米饭葛。　　　　　　97
陆：蛮准。我有转仔搭出差到外地去，吃葛籼米饭，喔哟，难吃得啦。　98
顾：倷中饭呢？　　　　　　　　　　　　　　　　　99
陆：中饭末辣单位里，只好马虎点，吃个盒饭。　　100
顾：我晓得倷夜饭是要讲究点葛。　　　　　　　　101
陆：唉。倪苏州人末侪实梗骨，夜饭总归要烧两只小菜。　102
顾：倷是还要笃个盅勒碗？　　　　　　　　　　　103
陆：起码半斤老酒，油氽花生米、炝毛豆，阿是？　104
顾：辩日脚麯过得忒写意哦！　　　　　　　　　　105

释文

顾：你爱吃面条吗？　　　　　　　　　　　　　　91
陆：我必须吃米饭，面食不行。　　　　　　　　　92
顾：早上吃早点呢？　　　　　　　　　　　　　　93
陆：早上吃碗面条倒不错，焖肉大面。　　　　　　94

顾：我早上也只要吃泡饭就行。泡饭加上萝卜干，味道好极了。　　95
陆：我们家多数日子早上也是吃泡饭。　　96
顾：而且我们苏州人吃米饭一定要吃粳米饭的。　　97
陆：是的。我有一次出差去外地，吃的籼米饭，唉，难吃死了。　　98
顾：你吃午饭呢？　　99
陆：午饭在单位吃，只能随便点儿，吃个盒饭。　　100
顾：我知道你晚饭是要讲究些的。　　101
陆：对。我们苏州人都这样，晚饭总要做几个菜。　　102
顾：你还要来二两吧？　　103
陆：起码半斤黄酒，油炸花生米、炝毛豆，是不是？　　104
顾：这日子过得别说有多惬意！　　105

注 释

饭：苏州人说的"饭"就是大米饭，不包括其他主食。
面：单指面条。
欢喜：喜欢。
弗来：不行。"来"是"来事、来三"的简称。
早浪：zāolang，早上。
吃点心："吃早饭"的客气说法。
无啥：ḿsa，不错。"无"白读，另有文读 fú。
焖肉大面：mēnniokdumie，苏州面馆里最常见的面条。"大"白读。
粥：zok，多指用米饭加水煮成的稀饭，也可说"泡粥、饭泡粥"，这在上海等地叫"泡饭"，但苏州不说。用大米直接煮成的也叫"粥"，为了区别，又叫"米烧粥"，日常习惯吃"饭泡粥"更多。
老卜干：láobhokgoe，萝卜干。
来得葛：副词"相当"。
日脚：日子。
大米饭：dúmifhe，"大米"专指黏性较大的粳米，不是所有的大米。"大"dû 白读，在"大学"dá'og 中读文读。

籼米：黏性较小的稻米，南方多用作主食，但苏州人不喜欢。

有转仔搭：有一回。

中饭：午饭。

马虎：māhu，"马"一般读 mô，但在这里发音特别。

晓得：知道。

夜饭：晚饭。

笃盅：dok zōng，喝几盅。"笃"是同音字。

老酒：吴语一带多喝黄酒，这里的老酒多指黄酒，也可指白酒。

汆：tèn，这里的意思是"油炸"。这是训读字。

炝毛豆：ciānmaodou，用白水加盐煮的毛豆。

忒：tek，副词"太"。

写意：siàyi，舒服、惬意。

覅……忒……哦：这是近一二十年来流行的说法，意思是"别说有多……了"。如"覅忒写意哦"就是"别说有多舒服了"。

扩展词语

粳米：gānmi，黏性居中的稻米，苏州人当作主食。

馒头：有馅儿没馅儿都叫馒头。如：肉馒头肉包子。

面粉：小麦磨成的粉。

御麦：yúmak，玉米。

盖浇饭：把现成的菜肴放在米饭上一块出售，按现代标准，可以说是一种快餐。早年就有，现在仍常见。"浇"见"浇头"条。

语音

尖团音

发音有尖团音的分别，是老苏州话的一大特点。在老苏州人听来，不分尖团音的苏州话简直不能算苏州话。但是，自中年以下，由于受普通话的影响，苏州话逐渐不分尖团。本书为了凸显苏州话传统特色，仍区分尖团音。

什么叫分尖团音？就是普通话中 j、q、x 声母拼 i、ü 及以 i、ü 开头的韵母的字，其中一部分字的声母在古代是 z、c、s，这就是尖音，一向是 j、q、x 声母的字是团音。现代有少数方言保留了这一特点，包括老苏州话。下面六对字在普通话里同音，在苏州话里不同音：

精 zīn ≠ 经 jīn　　箭 ziě ≠ 剑 jiě

清 cīn ≠ 轻 qīn　　千 ciē ≠ 牵 qiē

星 sīn ≠ 兴 xīn　　线 siě ≠ 献 xiě

如"齐巧"síqiao，齐巧是一尖一团，"齐"必须是尖音，"巧"必须是团音，弄错了就不像苏州话了。

练 习

1. 读出下列词语并解释。

早浪、来得个灵、日脚、大米饭、有转仔搭、侪实梗、炝毛豆、试写意

2. 苏州话分尖团音，练习下列字，注意区分尖团音。

精——经　　　箭——剑

清——轻　　　千——牵

星——兴　　　线——献

第 8 课　苏帮菜

课文

陆：苏帮菜名气蛮响,倷阿讲得出几样？　　　　　　　　　　　　106
顾：我弗大懂。只晓得有松鼠桂鱼、卤鸭、酱方、莼菜银鱼羹……还
　　有啥？　　　　　　　　　　　　　　　　　　　　　　　　107
陆：对葛,对葛。倷讲葛侪是松鹤楼名菜。我再来讲两只：响油鳝
　　糊、酱脂肉。阿对？　　　　　　　　　　　　　　　　　　108
顾：哀种侪是自家屋里烧弗出葛,再讲点普通点葛。　　　　　　　109
陆：辣末像炒虾仁、腌笃鲜、熏鱼。　　　　　　　　　　　　　　110
顾：哀种匡弗大好烧,我是烧弗来葛。素小菜呢？　　　　　　　　111
陆：匡有骨。拌马兰头、水芹菜、金花菜。　　　　　　　　　　　112
顾：煸青菜,顶顶普通,我会得烧葛。　　　　　　　　　　　　　113
陆：倪苏州葛菜侪特别讲究鲜。像腌笃鲜,呷一口汤,鲜得倷眉毛匡
　　褪脱。　　　　　　　　　　　　　　　　　　　　　　　　　114
顾：不过我听见外地人侪讲倪苏州葛小菜忒甜。　　　　　　　　　115
陆：倪苏州人讲,菜里摆点糖是吊鲜头葛。　　　　　　　　　　　116
顾：划一,还有大闸蟹勒,还要鲜勒。　　　　　　　　　　　　　117
陆：但是现在年纪轻葛人侪要吃辣火哉。　　　　　　　　　　　　118
顾：是该,辣葛我匡欢喜吃该。甜葛、辣葛侪好吃。　　　　　　　119
陆：真是天吃星！　　　　　　　　　　　　　　　　　　　　　　120

释文

陆：苏帮菜名气很大,你说得出多少？　　　　　　　　　　　　　106

顾：我不太懂。只知道有松鼠桂鱼、卤鸭、酱方、莼菜银鱼羹……还有什么？ 107

陆：对，对。你说的都是松鹤楼名菜。我再来说两个：响油鳝糊、酱脂肉。是吧？ 108

顾：这些都是自己家里做不出的，再说点普通些的。 109

陆：那就有炒虾仁、腌笃鲜、熏鱼。 110

顾：这些也不太好做，我做不了。素菜呢？ 111

陆：也有啊。拌马兰头、水芹菜、金花菜。 112

顾：炒青菜，最普通，我会做。 113

陆：我们苏州的菜特别讲究味道鲜美。像腌笃鲜，喝一口汤，让你眉毛都掉了。 114

顾：不过我听见外地人都说我们苏州的菜太甜。 115

陆：我们苏州人说，菜里放糖可以吊鲜味儿。 116

顾：喔，还有大闸蟹呢，还要鲜美。 117

陆：但是现在年轻人都要吃辣椒了。 118

顾：是的，我也爱吃辣的。甜的、辣的都好吃。 119

顾：真是美食家！ 120

注释

松鼠桂鱼：sōngcy guē'ng，苏州名菜，一种有特殊风味的桂鱼。"桂鱼"就是"鳜鱼"jū'ng，但在"松鼠桂鱼"中，一般说 guē'ng。

卤鸭：菜名，用特别方法制作的鸭子，呈玫瑰红色。

酱方：菜名，一种肉食。

莼菜银鱼羹：菜名。莼菜和银鱼都是太湖特产。

酱脂肉：ziānzyniog，菜名，成方块状的猪肉，呈玫瑰红色。"脂"与"之"同音。通常写作"酱汁肉"，但"汁"苏州读 zek，与"这"同音。

腌笃鲜：yēdoksie，菜名，将新鲜的和腌制的肉放在一起炖，再加竹笋等配料。"笃"是同音字，是一种烹饪方法，接近于"炖"。

熏鱼：把鲜鱼用酱油和其他作料浸泡后油炸而成。也叫"爆鱼"

bāo'ng,"爆"发音跟"爆炸"的"爆"bào不同。

马兰头：一种常见野菜，多凉拌。

水芹菜：芹菜的一种，长在水田里，北方没有。

金花菜：苜蓿。

煸青菜：biēcince，"煸"，一种烹饪方法，接近于"炒"。

会得：即表示能力的"会"。如：会得烧、会得写、会得做。

呷：hat，具体的"喝"的动作。笼统的"喝"，如"喝茶"，说"吃茶"。

鲜得眉毛匣褪 tǔ 脱：苏州俗语，认为味美得太过，眉毛要掉。

大闸蟹：dúshagha，螃蟹的著名品牌，原产于苏州阳澄湖。"闸"是同音字。

划一：wagyik，叹词，表示突然想起。两个都是同音字。

天吃星：指特别爱吃也特别会吃的人，陆文夫笔下的"美食家"，用苏州话讲，就是天吃星。

扩展词语 （其他苏帮菜举例）

酱肉：菜名，与"酱脂肉"不同，这是无色的。

鲍肺汤：菜名，由鲍鱼的肝做成。

油爆虾：菜名，油炒的虾。"爆"读 bǎo。

鸡油菜心：菜名。

语　法

指示代词4　指代性状

哀场 ēshan	这样、这么样	弯场 wēshan	那样、那么样	辩场 gegshan	这样、这么样，那样、那么样
该场 gēshan	这样、这么样	归场 guōshan	那样、那么样	实梗 seggàn	这样、这么样，那样、那么样
				尚 sân	这样、这么样，那样、那么样

上面7个词用的全是同音字。从意思和用法看，"场"跟"样"一样，

读音也有点相近,我们怀疑可能就是"样",但毕竟发音不同,还是写成"场"。

最后一个"尚"不是"场",它应该是"实梗"在说得快时的合音。苏州话有好几个合音字。

文化背景

松鹤楼是旧时苏州最著名的菜馆(较高档的饭馆,苏州人叫"菜馆")。这家百年老店是烹制苏帮菜的代表。松鼠桂鱼、卤鸭等都是其名菜。

练 习

1. 读出下列词语并解释。
匣有骨、呷一口、忒甜、吊鲜头、划一、天吃星

2. 你能用苏州话讲出多少种有名的苏帮菜?

3. 将下列句子译成苏州话。
(1) 这样做不行,要那样做。

(2) 这么好的菜,我从来没有吃过。

(3) 要是那么说的话,我只能这么做了。

第9课 看病

课文

顾:	哀两日有点弗适意。	121
陆:	捺亨佬？	122
顾:	头里痛,学咙痛,还有点恶心。	123
陆:	阿有寒热？	124
顾:	稍为有点。	125
陆:	阿作兴是伤风？	126
顾:	我还怕过拨辣俚囡儿。	127
陆:	拿俚送到倷笃娘搭去哦。	128
顾:	伲娘哀枪一直有点勒海心宕。	129
陆:	阿是心脏病佬？	130
顾:	俚弗大肯到医院去。医院里去看个病忒麻烦,俚讲呒不病匡要看出病来。	131
陆:	是是是该。但是倷终归还是要陪俚去检查检查,弗好搭浆。	132
顾:	我豪燥去挂个号,先拿我自家看好,再去动员伲姆妈。	133
陆:	阿要拿囡儿送到我搭来？	134
顾:	我去拨伲妹子。谢谢倷。	135

释文

顾:	这两天有点不舒服。	121
陆:	怎么了？	122
顾:	头疼,嗓子疼,还有点恶心。	123

陆：发烧吗？	124
顾：有点儿。	125
陆：会不会是感冒？	126
顾：我还怕传染给我女儿。	127
陆：把她送给你妈啊。	128
顾：我妈这一阵一直有点心悸。	129
陆：是心脏病吗？	130
顾：她不大愿意去医院。去医院看个病太麻烦,她说没病也要看出病来。	131
陆：是这样。但你总还是要陪她去检查检查,不能马虎。	132
顾：我赶紧去挂号,先把我自己的病看好,再去动员我妈。	133
陆：要不要把你女儿送到我这儿来。	134
顾：我去给我妹妹。谢谢你。	135

注释

弗适意：不舒服。

头里痛：头疼。

学咙痛：嗓子疼。

寒热：体温过高。

阿作兴：是否可能。

伤风：感冒。

过：传染。

拨：bek,给。

囡儿：noé'ng,女儿,第二个字一般不知道是什么字,写成同音字"五",其实就是"儿"。

心宕：sīn dâng,心悸。

是是是该：表示很确切地同意。第二个"是"是助词,跟"对是对的"的结构一样。

豪燥：áosao,赶快、赶紧。两个都是同音字。

扩展词语

肚皮痛：肚子疼。也可说"肚里痛"。

呕：呕吐。"吐痰"的"吐"，苏州话也说"吐"。"呕吐"的"吐"不说"吐"。

语 法

相当于"了"的说法

"仔"ziǐ、"哉"zē（或"则"zek）

普通话"了"用法大致可以分两种：一种是用在句子之中；一种用在句子末。

用在句子中的"了"在苏州话一般都是"仔"。如：

写仔一封信写了一封信。

吃仔饭哉吃了饭了。

用在句末的"了"一般是"哉"。读得比较随便时，也常常读成"则"。

落雨哉下雨了。

吃仔饭哉吃了饭了。

练 习

1. 读出下列词语并解释。

适意、捼亨佬、学咙、寒热、作兴、囥儿、过（拨辣囥儿）、俚、㑚笃、心宕、豪燥

2. 请仿照课文中的句式，造出带"仔"和"哉（则）"的句子各两句。

第10课　买衣裳

课文

营业员：小姐阿要看点啥？　　　　　　　　　　　　　　　　　136
顾：我想要件两用衫。　　　　　　　　　　　　　　　　　　　137
营业员：拿，哀件，哀只款式现在顶顶时葛，着勒海几化挺括，拨倷着
　　　　末顶配则。　　　　　　　　　　　　　　　　　　　　138
顾：哀个颜色虚虚红葛，忒献则，弗欢喜。　　　　　　　　　　139
营业员：辫末哀件蟹壳青葛，无不火气。　　　　　　　　　　　140
顾：倷哀个是啥个料作呢？　　　　　　　　　　　　　　　　　141
营业员：百分之五十棉，百分之五十涤。　　　　　　　　　　　142
顾：弗是纯棉葛，着勒海终归弗大适意。　　　　　　　　　　　143
营业员：哀件是纯棉则，但不过价钿就稍为贵滴滴。　　　　　　144
顾：几化佳？　　　　　　　　　　　　　　　　　　　　　　　145
营业员：九百九十八。　　　　　　　　　　　　　　　　　　　146
顾：辫末就是一千碗。阿好强点？　　　　　　　　　　　　　　147
营业员：哀两日齐巧勒海做活动，搭倷打七折，阿灵？　　　　　148
顾：好葛，辫末就要仔吧。　　　　　　　　　　　　　　　　　149
营业员：哀件衣裳是真葛拨倷拣着葛，着出去勠忒有派头哦。　　150

释文

营业员：小姐要看点什么？　　　　　　　　　　　　　　　　　136
顾：我想要一件春秋衫。　　　　　　　　　　　　　　　　　　137
营业员：看这一件，这是现在最流行的款式，穿着多挺括，你穿着最

	合适了。	138
顾:	这颜色通红的,太鲜艳,不喜欢。	139
营业员:	那么这一件蟹壳青的,没有火气。	140
顾:	你这是什么料子的?	141
营业员:	百分之五十棉,百分之五十涤。	142
顾:	不是纯棉的,穿着总是不太舒服。	143
营业员:	这件是纯棉的,但是价钱稍贵一点儿。	144
顾:	多少啊?	145
营业员:	九百九十八元。	146
顾:	那就是一千元了。能便宜点儿吗?	147
营业员:	这两天正好在搞活动,给你打七折,怎么样?	148
顾:	好吧,就要了吧。	149
营业员:	这件衣服真是给你挑对了,穿上街别说多气派了。	150

注 释

拿:nó,感叹词,详见第二十九课"语法"。

时:形容词,单用,即"时髦、时尚"。

着:zak,穿。

挺括:tǐn'guat,此词本是上海话,现普通话也用。也可说"挺"tìn。

虚虚红:xūxu óng,形容大红的颜色。"虚"是同音字。

献:xiě,鲜艳。

料作:(衣服)料子。

涤:dig。入声,与"蝶"同音。

但不过:就是"不过"。现在年轻人都说"但不过"。

价钿:gādie,价钱。

贵:jǔ,在这里读白读,与"句"同音。另有文读guě,如"贵州"、"高贵"。

强:jián,(价钱)便宜。这是同音字。

阿灵:好不好,在这里的意思是"怎么样、很好吧"。

拣着：gěsag,本义是"挑到",在这里是"挑对了"。"拣"gè,挑选。"着"在这里的读音跟上面的不同。

扩展词语

穿戴

棉袄：棉的上衣。

马甲：mógat,没有袖子的上衣的统称,包括穿在外面和里面的。

裙：裙子。

鞋子：鞋。

袜：袜子。

围身：yúsen,围腰。

尿布：sybu,注意"尿"的发音。

夹里：里子。

领头：领子。

衣裳管：袖子。

袋袋：衣服上的口袋。

纽头：ngóudou,纽扣,包括中式和西式的。

镯头：镯子。

戒指：gāzy。

圈：耳环。

项圈：ángqioe。

轧叉：gadcò,发夹。

柜台：júde,"柜"白读。

合算：geksoě,划算。"合"发音特殊。

讨虚头：卖主多报物品的卖价。

语音

声韵母

本书用苏州话拼音方案注音。

汉语拼音是大家都熟悉的,它专门用于普通话注音。苏州话作为汉语方言之一,跟普通话既有相同之处,又有不同之处。我们特地设计了苏州话拼音方案,它建立在汉语拼音基础上,但也有一些不同。除了在书后附录苏州话拼音方案外,还在各课中作一些讲解。

1. 声母

(1)苏州话没有卷舌音声母 zh ch sh r。普通话的 zh ch sh 在苏州话里分别是 z c s,r 在苏州话文读是浊的 sh,白读多数是 n。

(2)以苏州话为代表的吴语的一大特点是保留浊音声母。什么叫浊音声母？现在懂一点英语的人很多,英语中的 b d g v z 发的就是浊音。这样的音,中国古代也有,现在吴语里还保留着。苏州人可以用苏州话发音为这些字母标音：

　　b 避　d 地　g 忌　v 未　z 聚

但是,现代汉语绝大部分方言里的这些音都清化了。外地人学苏州话,要尽量多听、多模仿这些音。

本书的苏州话拼音为避免过于复杂,没有为浊音单独设计声母,其中 b d g j z f s 声母凡遇上阳调(阳平、阳去、阳入),发的都是浊音。声母有 h 的,也表示此声母读浊音。

(3)苏州话没有后鼻音韵母 eng ing ueng。eng ing 在苏州话里分别是 en in。普通话 ueng 韵主要是"翁",苏州读 ong。

(4)苏州话有一个 ng 声母。普通话 ng 只能做韵尾,如 eng ing,苏州话可以拿来做声母。

2. 韵母

多数韵母在拼法上跟普通话一样,但实际发音不一定相同,有的差别较大。如 e 的发音跟汉语拼音方案中提到的 ê 差不多；ao 是苏州话里最有特色的音,外地人要特别注意。

练 习

1. 读出下列词语并解释。

着勒海、几化、挺括、顶配、虚虚红、忒献、贵滴滴、强点、阿灵

2. 仿照下面例句,用"勥忒……哦""勥……忒……哦"造句。
(1) 哀件衣裳着出去勥忒有派头哦!

(2) 挢个日脚勥过得忒写意哦!

3. 注意一字多配组成词语的含义,你还能再举些词吗?
哀件、哀个、哀桩、哀歇……
忒献、忒甜、忒长、忒好……

第11课 屋里

课文

陆：倷笃屋里有姊妹几个？　　　　　　　　　　　　151
顾：三个,我还有一个阿哥,一个妹子。　　　　　　152
陆：酾侪成家勒佳？　　　　　　　　　　　　　　153
顾：伲阿哥结婚哉,有一个囡儿。妹子还勒海读书勒。　154
陆：倷笃阿爹好婆阿搭倷笃住辣一道葛？　　　　　　155
顾：俚笃搭伲老伯伯住辣一道,伲奥婆有辰光要到伲搭来住住。　156
陆：倷笃外公、外婆匣侪蛮健勒,阿是？　　　　　　157
顾：唉。伲外公阿爹是顶顶□jiá葛,牙子好得勒炒蚕豆匣嚼得热。　158
陆：倷笃娘舅身体匣特别好。　　　　　　　　　　159
顾：唉。伲外公屋里有遗传葛。伲娘舅、两个阿姨身体侪好。　160
陆：倷是俚葛外孙,倷葛身体匣着实灵勒海啘。　　　161
顾：伲姆妈匣弗错。　　　　　　　　　　　　　　162
陆：倷笃爷呢？　　　　　　　　　　　　　　　　163
顾：伲爸爸像煞就推板点。　　　　　　　　　　　　164
陆：我看侪无啥。　　　　　　　　　　　　　　　165

释文

陆：你们家兄弟姊妹有几个？　　　　　　　　　　151
顾：三个,我还有一个哥哥,一个妹妹。　　　　　　152
陆：都成家了吗？　　　　　　　　　　　　　　　153
顾：我哥哥结婚了,有一个女儿。妹妹还在上学。　　154

陆：你家爷爷奶奶跟你们住在一起吗？　　　　　　　　　　　155
顾：他们跟我家伯父住在一起，我奶奶有时要到我家来住。　156
陆：你家外公、外婆也都很健康，是吧？　　　　　　　　　157
顾：是的。我外公是身体最好的，牙齿好得连炒蚕豆都嚼得动。158
陆：你家舅父身体也特别好。　　　　　　　　　　　　　　159
顾：是啊。我外公家有遗传的。我舅父、两个姨母身体都好。160
陆：你是他的外孙，你的身体也相当好啊。　　　　　　　　161
顾：我妈妈也不错。　　　　　　　　　　　　　　　　　　162
陆：你爸爸呢？　　　　　　　　　　　　　　　　　　　　163
顾：我爸爸好像要差一点。　　　　　　　　　　　　　　　164
陆：我看都不错。　　　　　　　　　　　　　　　　　　　165

注 释

姊妹：zìme，① 单指女的姊妹；② 包括兄弟姊妹。这里指后者。

阿哥：atgú，这多用于背称。当面多称"哥哥"gūgu。

妹子：mézii，也多用于背称。当面多称"妹妹"或叫名字。

好婆：hǎobu，祖母。

老伯伯：① 伯父，伯父不老也叫老伯伯；② 对男性老人的客气称呼，相当于"大爷"。

辰光：时间。

外公：外祖父。当面多叫外公阿爹，或阿爹。

外婆：外祖母。当面多叫好婆。

奥婆：āobu，祖母。孩子小的时候都称祖母为"奥婆"，成年后一般都叫"好婆"，也有的人成年后保持习惯，仍叫"奥婆"。"奥"写不出本字，大约是孩子小的时候说不清"好"而出现的音变。有人写作"阿婆"atbú，发音不对。"阿婆"在苏州话应是丈夫的母亲。

健：jiê，单说，就是健康。多用于老年人。

□：jiá，能干，口语常用。没有同音字。苏州话中也指健康。如：身体□jiá。

牙子：ngázii，牙齿。注意，第二个字不是"齿"cỳ。

炒蚕豆匣嚼得热：俗语，形容牙口好。"炒蚕豆"是干炒的蚕豆，特别坚硬。"嚼得热"siagdeknig，即嚼得动。"热"是同音字。

娘舅：舅父。

阿姨：āyi，① 姨母；② 对中年女性的通用称呼。普通话现在通用的"阿姨"即来自吴语。"阿"在苏州话通常都读入声 at，但这里读 ā，发音不同。

外孙：ngásan，"孙"在其他方言中都读 sēn，但在这里读得跟"外甥"ngásan 一样，虽然二者意思是不同的。这种情况不限于苏州，好多方言都如此。

姆妈：m̄ma，妈妈。现在年轻人有叫"妈妈"的。

爸爸：bāba，这是较新的说法，中年以上的人叫"爹爹"diādia。背称是"爷"，如"伲爷我爸"。

推板：差 chà。

语法

指示代词 5　指代处所

老苏州话指代处所的词有好多个，本书只介绍现在常用的几个。

哀搭	ēdat	哀搭点	ēdatdie	这里
该搭	gēdat	该搭点	gēdatdie	这里
弯搭	wētat	弯搭点	wētatdie	那里
归搭	guēdat	归搭点	guēdatdie	那里
辬搭	gegdat	辬搭点	gegdatdie	这里、那里
哀面	ēmie	哀面点	ēmiedie	这边
该面	gēmie	该面点	gēmiedie	这边
弯面	wēmie	弯面点	wēmiedie	那边
归面	guēmie	归面点	guēmiedie	那边
辬面	gegmie	辬面点	gegmiedie	这边、那边

下面的一般只有"挬",很少有"哀"等。

挬里	gegli	挬里向	geglixian	这里头
挬浪	geglang	挬浪向	geglangxian	这上头

练 习

1. 读出下列词语并解释。

屋里、倍笃、俚笃、蛮健、顶顶□jiá、牙子、嚼得热、、像煞、推板点

2. 用苏州话读出下面称谓并写出与之相对应的普通话称谓。

阿爹　　　好婆　　　奥婆
娘舅　　　外公　　　姆妈
爷　　　　妹子　　　囡儿

3. 用线条连接下列相同意思的词,并牢记。

苏州话　　　　普通话
伲　　　　　　他(她)
俚笃　　　　　我们
我　　　　　　你们
倷　　　　　　我
俚　　　　　　你
倍笃　　　　　他们

第12课 亲眷

课文

陆：倷再来讲讲亲眷看。 166
顾：苏州人有个讲法顶特别则：嬢嬢，别人家侪听弗懂。 167
陆：嬢嬢是爷葛阿姐。 168
顾：嬢嬢像煞是搭别人家讲起：哀个是倷嬢嬢。当面弗喊葛。 169
陆：唉。当面好喊姆姆，或者喊伯伯、好伯。 170
顾：还有老伯伯笃屋里呢？ 171
陆：辩个喊姆姆。 172
顾：还有丈人、惹姆，辩个"惹"弗晓得是哪个字。 173
陆：晚爷、晚娘葛"晚"也可以研究研究是啥个字。 174
顾：弟兄淘里葛家主婆叫摆姆淘里。 175
陆：阿末一个小团末叫老拖、老末拖。 176
顾：倷娘就是老拖囡儿。 177
陆：侄囡、外甥囡，明明是女葛末，叫"男"。 178
顾：喔唷，缠是缠得来，头匣大则。我看现在年纪轻葛苏州人是弄弗大清爽则。 179
陆：阿是蛮有劲葛？ 180

释文

陆：我们再来说说亲戚。 166
顾：苏州人有个说法最特别：嬢嬢。人家都听不懂。 167
陆："嬢嬢"是父亲的姐姐（姑母）。 168

顾："嬷嬷"好像是跟别人说起。如：这是我的嬷嬷。当面不喊。　169

陆：是。当面可以喊姆姆，或者喊伯伯、好伯。　170

顾：还有伯父的妻子呢？　171

陆：那个喊姆姆。　172

顾：还有丈人、惹姆，这个"惹"不知道是哪个字。　173

陆：晚爷（后爹）、晚娘（后妈）的"晚"也可以研究研究是什么字。　174

顾：弟兄的老婆叫摆姆淘里（妯娌）。　175

陆：最后一个孩子叫老拖、老末拖。　176

顾：我妈就是最小的女儿。　177

陆：侄女、外甥女，明明是女的，却叫"男"。　178

顾：唉，真是纠缠不清，令人头疼。我看现在年轻的苏州人是弄不清楚的。　179

陆：不是挺有趣吗？　180

注　释

亲眷：亲戚。

嬷嬷：mómo，父亲的姐姐，背称。

姆姆：mēme，父亲的姐姐，面称。也可以称"伯伯"、"好伯"。这是把父亲的姐姐当其哥哥称呼，但绝不能反过来，把哥哥当姐姐称。可见有男尊女卑的含意。

屋里：除表示"家里"外，也可以指妻子。这在北京等地也可以。如："我家里的"，就是指"我的妻子"。这样的说法现在减少了。

姆姆：ḿme，伯母。原来也可以称呼没有亲属关系的年纪较大的妇女，但现在都改称"阿姨"。

注意，更老的苏州话当面叫"妈妈"可以说ḿme，也写成姆姆，跟ḿme只有声调的不同。

惹姆：sá'm，丈母娘。"惹"是"丈"的变音。也可叫"惹姆娘"sá'mnian。

晚爷、晚娘：méyia、ménian，继父、继母。mê是"晚"的白读。通常都读文读 wě。再如：夜头晚间 yādoumege。

家主婆：妻子，比较通俗的说法。还可说"家小"gāsiao，较老的说法，"女葛"nûgek，或"屋里"oklǐ、"屋里向"oklǐxian。

摆姆淘里：bǎ'mdaoli，妯娌之间。"淘里"有"之间"的意思。"摆"是"伯"bak 的变音。

阿末：atmek 最后。如：排着阿末一个 排到最后一个。也可说"着末"sagmek。

小囡：siǎogoe，孩子。"囡"与"干"同音。

老拖、老末拖：最后生的孩子。

娘：妈妈的背称，"伲娘"是"我妈"。

侄囡：segnoè，侄女。"囡"与"男"同音，但不是同一个字。也可叫"侄囡儿"segnoè'ng。

外甥囡：ngásannoe，外甥女。也可叫"外甥囡儿"ngásannoe'ng。

缠是缠得来：纠缠不清得厉害。"缠"soê，读阳去，不读阳平。纠缠、弄不清、理解错。

头大：比喻感到为难或麻烦。

清爽：① 干净；② 清楚。

有劲：有意思、有趣味。苏州人常用语。

扩展词语

阿公：丈夫的父亲。或简称"公"。

阿婆：丈夫的母亲。或简称"婆"、"婆太太"。后者略有不满。如"伲孵婆太太是疙瘩杀葛 我家的婆母是很挑剔的"。

爷娘家：娘家。

新妇：sīnfhu，儿媳妇。

语 法

疑问代词

啥 sǎ	什么				
啥人 sǎnin	谁	啥物事 sǎmegshii	什么东西	啥事体 sǎshiiti	什么事
作啥 zoksǎ	做什么,为什么	啥体 sǎti	什么事,为什么	啥佬 sǎlao	为什么
哪个 lôgek	哪个	哪搭 lôdat	哪里	哪面 lômie	哪里
捺亨 nadhàn	怎样,怎么样	啥场化 sǎsanho	哪里	哪里搭 lôlitat	哪里
几化 jìho	多少	觉化 jiokho	多少		

1. "啥"是最主要的疑问代词,相当于"什么"

"啥"跟一些名词结合,构成常用的疑问代词"啥人"、"啥物事"、"啥事体"。此外还有"啥等样什么样子,什么种类、啥场化地方、啥辰光什么时候、啥价钱、啥代价"等。

"作啥"的字面意思是"做什么","啥体"是"啥事体"的缩减,本义也是"什么事情",但它们都有"为什么。如"的意思。"啥佬"就是"为什么"。如:

俫作啥/啥佬/啥体弗肯去你为什么不愿意去?

2. "哪"的读音比较特别,也有人读作no,我们相信它就是"哪"

"哪面"和"哪搭"意思一样。"哪搭"比较老,现在年轻人多说"哪面"。还可以说"哪里搭"、"啥场化"。

3. "捺亨"是问情况

可以单说。如:

捺亨?——蛮好怎么样?——挺好

4. "几化"也可说"觉化",也是从"几"变音
"几化"问数量,也可以表示很多,相当于"好多"。如:
来仔几化人 来了好多人。
还可以重叠,表示许许多多。如:
来仔几几化化人 来了许许多多人。

练 习

1. 读出下列词语并解释。
亲眷、伯伯笃、阿末、头大、缠弗清爽、有劲

2. 写出下列苏州话亲属称谓的普通话说法。
嬷嬷、姆姆、屋里、家主婆、家小、惹姆、摆姆淘里、老拖、老末拖、小团、侄囝、外甥囝、晚爷、晚娘、阿公、阿婆、爷娘家、新妇

3. 用苏州话回答下面问题。
(1) 倷早浪吃啥点心?中浪呢?

(2) 夜饭总归要烧两只小菜吧?弄点啥葛菜?

(3) 夜饭伲到伲娘搭吃现成的,日脚过得捺亨?

第13课 日脚、辰光

课文

陆：今朝是几号？	181
顾：四月廿八号，礼拜六。	182
陆：阴历呢？	183
顾：四月初八。	184
陆：日脚实头快葛。明朝廿九号，后日三十，大后日就是劳动节则。	185
顾：是该。倷放假辣屋里末做点啥佳？	186
陆：我末早浪向到大公园去打打太极拳，吃杯茶，上半日辣屋里看看书，中浪向困眙中觉，下半日到观前去听书。	187
顾：舜是蛮乐惠该。	188
陆：到夜快点就忙哉，要去买小菜，买仔还要烧夜饭。	189
顾：吃仔夜饭呢？	190
陆：夜里向末看电视晼。看得起劲起来，要看到半夜巴得来。	191
顾：倷精神好葛。	192
陆：哀歇啥辰光则？	193
顾：一点刚刚敲过。	194
陆：喔哟，来弗其哉，我要去听书哉。搭倷明朝会！	195

释文

陆：今天是几号？	181
顾：四月二十八号，星期六。	182
陆：农历呢？	183

顾：四月初八。	184
陆：日子真快啊。明天二十九号，后天三十，大后天就是劳动节了。	185
顾：是。你放假在家干些什么呢？	186
陆：我早上到大公园打打太极拳，喝杯茶；上午在家看看书，中午睡个午觉，下午到观前去听评弹。	187
顾：过得很滋润啊。	188
陆：到傍晚就忙了，要去买菜，买了还要做晚饭。	189
顾：吃了晚饭呢？	190
陆：晚上就看电视。看得高兴的话，要看到半夜呢。	191
顾：您精神不错。	192
陆：这会儿几点了？	193
顾：一点刚过。	194
陆：啊，来不及了，我要去听评弹了，明天见！	195

注 释

今朝：jīnzao，今天。

大后日：大后天。

上半日：上午。

中浪：中午。也可说"中浪向"。

困：kǔn，睡。

中觉：zōnggao，午觉。

下半日：下午。

听书：俗称听评弹。

乐惠：(生活)舒适。

夜快点：傍晚。

夜里向：晚上，也说"夜里"、"夜头"。

半夜巴：半夜。

啥辰光：什么时候。

一点敲过：刚过一点钟。

来弗其：léfekjhi，来不及。"其"是同音字。

扩展词语

关于日子、时间的词语

热天：夏天

冷天：冬天

大年夜：除夕

旧年：去年

开年：明年

月：ngeg，"年月"的"月"，也可以说"号头"，如"两个号头两个月"。

昨日：sognig，昨天。也说"昨日搭"sog'ndak、"昨日子搭"sognigziidak。

前日：也说"前日子"、"前日子搭"。

礼拜日：líbanig，也说"礼拜"líba。

一日天：一天。

日里：白天。

一夜天：整夜。

日朝：ngzào，每天。

先起头：早先。也说"上上来"。

后手来：后来。

一歇：① 一会儿。如：坐脱一歇；② 很久。如：去仔一歇则哕去了很久啦。比"一歇歇"时间略长。

晏歇：ěxik，待会儿。如：晏歇再讲。也可说"等歇"。

语音

两个不同的 a

老苏州话里有两类韵母，外地人听起来，主要元音好像都是 a，其实是不同的。这包括：

张 zān ≠ 庄 zāng　　痒 yân ≠ 旺 yâng

鸭 at≠压 ak   袜 ad≠麦 ag   甲 jiat≠脚 jiak

在普通话影响下,这两类区别从中年人开始已经没有了,但为了保持苏州话的传统特色,本书仍予以保留。在苏州话拼音中区分的方法是:第一行的每对韵母,通过有没有 g 来区分,第二行通过结尾字母的不同来区别,t、d 是一类,k、g 是另一类。

练 习

用苏州话读下列词语并翻译成普通话。

今朝	明朝	后日
大后日	昨日	前日
礼拜日	一日天	啥辰光
早浪	中浪	夜里向
困中觉	上半日	下半日
日脚	日朝	日里
夜里向	夜快点	半夜巴
一夜天	旧年	开年
热天	冷天	大年夜
两个号头	来弗其	乐惠

第14课　昨日

课文

陆：昨日到西山去白相,倷捺亨齆去? 196
顾：昨日我本生要去葛,伲儿子有点弗适意佬齆去。 197
陆：瓣末齆去搭俚看呢? 198
顾：去挂仔个号,开仔点药,稍为有点肚皮射,弗要紧。倍笃西山白相得阿灵佳? 199
陆：原本是去匣去则,走到半路,说葛前头葛路勒海修,弗大好走,就齆去,去仔渔洋山。 200
顾：渔洋山齆去歇,辣哪面? 201
陆：太湖大桥葛哀横头,太湖边浪,倒匣无啥勒。 202
顾：捺亨好法呢? 203
陆：主要是从山浪望太湖啘,有气势。 204
顾：原来一讲太湖,像煞终归是无锡的风景,其实伲苏州一样匣好看太湖。 205
陆：是骨。山浪还有名人题诗,乾隆皇帝、唐伯虎。文徵明葛题字,叫"湖山烟雨",真葛是实梗。清朝的诗坛领袖王士禛,别号渔洋山人,就是从哀搭点来葛。 206
顾：瓣辰光还无不太湖大桥勒啘。 207
陆：看太湖大桥是一目了然,景致真匣灵勒。 208
顾：倷瓣场讲是,我哀趟懊愦齆去。 209
陆：倷寻个礼拜日带倍笃儿子去吧。 210

释文

陆：昨天去西山玩儿，你怎么没去？ 196
顾：昨天我本来要去来着，我儿子有点不舒服，所以没去。 197
陆：那么带他去看医生了吗？ 198
顾：去挂了个号，开了点儿药，有点儿拉肚子，没关系。你们西山玩儿得好吗？ 199
陆：原先已经去了，走到半路，说前头的路在修，不太好走，就没去，去了渔洋山。 200
顾：渔洋山没去过，在哪儿？ 201
陆：太湖大桥的这一头，太湖边上，倒还不错。 202
顾：好在哪儿呢？ 203
陆：主要是从山上望太湖，有气势。 204
顾：原先一说太湖，好像总是无锡的风景，其实我们苏州一样也可以看太湖。 205
陆：是啊。山上还有名人题诗，乾隆皇帝、唐伯虎。文徵明的题字是"湖山烟雨"，确实是这样。清朝的诗坛领袖王士禛，别号渔洋山人，就是从这里来的。 206
顾：那时候还没有太湖大桥呢。 207
陆：看太湖大桥一目了然，景色真好。 208
顾：按你这么说，我后悔没去。 209
陆：你找个星期天带你儿子去吧。 210

注释

白相：begsiàn，玩儿。也有写成"孛相"的，都是同音字。
本生：本来。
肚皮射：拉肚子。"射"sâ，拉（肚子）。
懊愲：āolao，后悔。

语法

介词 1

辣 lag，勒 leg

两个意思一样，各人习惯不同，有人说"辣"，也有人说"勒"。相当于"在"。

勒海 leghè、勒浪 leglàng

普通话中没有完全与之对应的词，"勒海"大体相当于"在（这里）"，"勒浪"大体相当于"在（那里）"。但二者常常分别不明显，可以随便用。它们主要有两种不同用法。第一种是用在动词的前面，意思是"在（这/那儿）干什么"。如：

勒浪吃饭 在吃饭。

勒浪唱歌 在唱歌。

这时候，它们跟相当于"在"的"辣"差不多。

第二种用法是用在动词后头，表示某种状态。如：

坐勒海 坐在这儿、坐着。

挂勒浪 挂在那儿、挂着。

类似的说法在老的苏州话里还有，如"辣里"，现在只能在评弹里听到了，我们不再介绍。这是比较特别的说法，外地人理解起来可能要困难一些。这时跟"辣"不同，不能说"坐辣"。

练习

1. 读出下列词语并解释。

捺亨、白相（字相）、本生、弗适意、肚皮射、无啥、懊愦

2. 注意下列词语的读音及用法。

辣 lag、勒 leg 两字意思一样，相当于"在"。

勒海 leghè 相当于"在这里"、"在（这/那儿）干什么"。

勒浪 leglàng　相当于"在那里"。

3. 仿照例句造句。

(1) 勒海、勒浪在动词前：我勒海困觉,俚勒浪看电视。

(2) 勒海、勒浪在动词后：我末坐勒浪,倷倒困勒海。

第15课　朋　友

课文

顾：前日仔搭倷笃屋里掭亨来仔辩场星人呀？　　211
陆：侪是我葛朋友,辣伲屋里白相仔一日。　　212
顾：哪搭葛朋友佳？　　213
陆：我小辰光葛小朋友。　　214
顾：一个瘦长条子,听俚讲闲话倒蛮噱葛。　　215
陆：辩朋友倷覅看俚覅读过大学,正匣聪明勒。　　216
顾：辩个块头顶大葛呢？　　217
陆：俚是个酒鬼,酒匣吃得落,肉匣吃得落,别人家侪喊俚减肥,酒末
　　覅吃哉。俚弗管账,只度只嘴。昨日亦拨俚一干子吃脱一瓶五
　　粮液。　　218
顾：还有个朋友我看俚一直坐勒海覅讲过啥闲话。　　219
陆：倷讲辩个坐辣角落头长笼面孔葛老大,阿是？俚匣蛮好白相葛。
　　三拳头打弗出个闷屁,但是俚亦欢喜搭大家辣一道,伲朋友碰
　　头,俚终归来葛。　　220
顾：辩末有啥劲呢？　　221
陆：倷覅看俚,有辰光闸生头里阴阁阁熟一句,笑得倷肚皮匣痛。　　222
顾：倷笃辩班朋友倒真葛有劲葛。　　223
陆：下趟伲再聚会葛辰光,我喊倷来,阿好？　　224
顾：好骨,我来轧轧闹猛。　　225

释文

顾：前天你们家怎么来了那么多人啊？　　211

陆：都是我的朋友，在我们家玩儿了一天。 212
顾：哪儿的朋友？ 213
陆：我小时候的朋友。 214
顾：一个瘦高个儿，听他说话倒很幽默。 215
陆：这家伙别看他没上过大学，才聪明着呢。 216
顾：那个个儿最大的呢？ 217
陆：他是酒鬼，酒也能喝，肉也能吃，人家都劝他减肥，酒就别喝了。
　　他不管，只顾一张嘴。昨天又给他一人喝了 瓶五粮液。 218
顾：还有个人我看他一直坐着没说过话。 219
陆：你说那个坐在角上长方脸的那位老兄，是吧？他也很有意思。
　　从来不说话，但是他又喜欢跟大家在一起，我们朋友聚会，他总
　　要来。 220
顾：那有什么意思呢？ 221
陆：你别看他这样子，有时候突然冷冷地冒出一句，笑得你肚子疼。 222
顾：你们这班朋友倒真的很有意思。 223
陆：下次我们再聚会时，我叫你来，好吗？ 224
顾：行，我来凑个热闹。 225

注　释

瘦长条子：瘦高个儿。

讲闲话：gàng é'o，说话。"闲话"é'o 即"话"，"苏州闲话"sūzou'e'o，即"苏州话"。"闲"是白读，另有文读 yé。

噱：xuek，让人发笑，可乐。

朋友：苏州话"朋友"可以有两个意思：本课标题"朋友"意思跟普通话一样；"㧯朋友倷劐看……"里的"朋友"读得稍轻，对某人的随便、不客气的称呼，有时也有点亲热，略相当于普通话的"家伙、老兄"。

块头：（人的）个头。大个子、胖子，都可以叫"大块头"。

喊（俚）：这里是"叫（他）"的意思。

弗管账：不管事情，不管它。

只度只嘴：只管嘴(吃得舒服)。度："度一天是一天"的"度"。第一个"只"zek 是"只管"的"只"，副词；第二个"只"zak，是"一只嘴"的"只"，量词。意思、发音不同。

一干子：自个儿、单独一人。

角落头：角上。

长笼面孔：长方脸，偏长的脸。

好白相：好玩儿，有趣。

三拳头打弗出个闷屁：俗语，形容人不爱说话。

阴阁阁：冷冷地。

熟：sog，刺、戳。在这里是"捅(一句)"的意思。"熟"是同音字。

下趟：下次。

轧闹猛：凑热闹。

扩展词语

长子：sánzii，高个子。

矮子：矮个子。

大块头：dúkuedou，胖子。

聋彭：lóngban，聋子。"彭"同音字。

哑子：ǒzii，哑巴。

痴子：cȳzii，疯子。

语 法

否定词

无不 ḿbek

"无不"否定事物，相当于"没有"。"无"白读。

弗 fek、朆 fēn

"弗"否定行为动作。相当于"不"。一般人习惯写作"勿"，经我们考证，"勿"应跟"物"同音，读 feg，上海话说的正是"勿"，跟苏州不同。写"弗"可以分出区别来。

"朆"否定过去的行动时,相当于"没有"。值得注意的是,在普通话里,"没有钱"和"昨天没有去"都是"没有"。其实,这两个"没有"意思不一样。在苏州话里,前者说"无不铜钿",后者说"昨日朆去"。

覅 fiǎo

这是"弗要"的合音,就是"不要",也相当于"别"。普通话"别"其实也是"不要"的合音。但"别"不能单独回答问题,"覅"可以。如:倷阿要?——覅(你要不要?——不要)。

练 习

1. 读出下列词语并解释。

辩场星、蛮噱、块头、吃得落、吃脱、弗管账、度、一干子、讲闲话、角落头、阴阁阁、下趟、轧闹猛

2. 熟记下列否定词的读音和应用。

(1) 无不 ḿbek,否定事物,相当于"没有"。

例:我无不铜钿。

(2) 弗 fek,否定行为动作,相当于"不"。

例:我弗欢喜吃面。

(3) 朆 fēn,否定过去的行动,相当于"没有"。

例:我朆去看电影。

(4) 覅 fiǎo,这是"弗要"的合音,就是"不要"。

例:倷覅太得意哦!

3. 用下列各词造句。

（1）无不——

（2）弗——

（3）觍——

（4）麸——

朋友

第16课 修鞋子

课文

顾：我双鞋子倷搭我看看。	226
修鞋人：倷葛鞋跟俉勋脱哉,而且是外口头勋,里向还好。	227
顾：是该。我葛脚像煞有点问题,鞋子着勒海终归弗适意,难得碰着一双着得适意葛鞋子。	228
修鞋人：我讲仔倷麨动气啊。倷走路葛习惯弗大好,走路是僻葛。	229
顾：是该,我承认该。	230
修鞋人：所以倷现在舜双鞋子就弗大好弄。	231
顾：舜末鞋面蛮好勒海,倷想想办法哩。	232
修鞋人：舜鞋跟只好搭倷多切脱点,再打一个壮子。	233
顾：左脚舜只匣有点弗来,走起来弗跟脚,终归脱勒脱。	234
修鞋人：哀个末脱线晼。	235
顾：抡两针阿来三佬?	236
修鞋人：来三葛。	237
顾：几化铜钿呀?	238
修鞋人：五块洋钿。	239
顾：生活要搭我做好啊。	240
修鞋人：舜个倷笃定好则,做得弗好弗收倷铜钿。	241

释文

顾：我这鞋你给我看看。	226
修鞋人：你的鞋跟都磨坏了,而且是外头磨掉,里头还好。	227

顾：是的。我的脚好像有点问题，鞋穿着总不舒服，难得碰到一双穿
　　得舒服的鞋。　　　　　　　　　　　　　　　　　　　　228
修鞋人：我说了你别生气。你走路的习惯不太好，走路是偏斜的。　229
顾：是，我承认。　　　　　　　　　　　　　　　　　　　　　230
修鞋人：所以你现在这鞋就不太好修。　　　　　　　　　　　　231
顾：但是鞋面还好啊，你想想办法吧。　　　　　　　　　　　　232
修鞋人：鞋跟只能给你多去掉一些，再钉一个后跟。　　　　　　233
顾：左脚这一只也有点问题，走起来不跟脚，总是要往下脱。　　234
修鞋人：这是脱线了。　　　　　　　　　　　　　　　　　　　235
顾：缝几针行吗？　　　　　　　　　　　　　　　　　　　　　236
修鞋人：可以。　　　　　　　　　　　　　　　　　　　　　　237
顾：多少钱啊？　　　　　　　　　　　　　　　　　　　　　　238
修鞋人：五块钱。　　　　　　　　　　　　　　　　　　　　　239
顾：活儿要给我做好了。　　　　　　　　　　　　　　　　　　240
修鞋人：这你就放心了，做得不行不收你的钱。　　　　　　　　241

注　释

勩：yǐ，磨损。
外口头：外边口上。
动气：生气。
僻：pik，偏斜。一般限于指脚走路的姿势。
鞋面：鞋脸。
左脚：老的发音是 zīsou，"左"读如"济"，现在多读 zūsou，"左"读如
"做"。
壮子：zǎngzii，补鞋时钉在鞋跟上的部分。"壮"同音字。
脱勒脱：（鞋）老是往下脱。
抡：（比较粗地）缝。
生活：sānweg，指"干活儿"的"活儿"。"生"白读。普通话的"生活"
苏州人口头一般不说。

语音

声调 1

单字调

(1) 汉语是有声调的语言,但不同的方言,声调的数量和具体读音都不一样。普通话有四个声调:阴平、阳平、上声、去声(见《汉语拼音方案》),简称一声、二声、三声、四声。苏州话的声调比普通话多,有 7 个:阴平、阳平、上声、阴去、阳去、阴入、阳入。因为比较复杂,不能用简称。阴平、阳平合成平声,阴去、阳去合成去声,阴入、阳入合称入声,5 个非入声调统称为舒声调(普通话没有入声,4 个都是舒声调)。普通话只有平声有阴阳之分,苏州话去声和入声也都有阴阳之分。还可把阴平、上声(实际是阴上)、阴去、阴入统称为阴声调,阳平、阳去、阳入统称为阳声调。

(2) 5 个舒声调中的前 4 个跟普通话的 4 个声调基本相同,但是上声和阴去的实际发音正好跟普通话的上声、去声相反:上声是个高降调,阴去是个曲折调。所以这两个声调符号也跟普通话相反,请读者注意,不要弄错。第 5 个阳去调普通话没有,用 ˆ 表示。具体发音读者可以根据光盘录音仔细辨认。

(3) 入声是普通话和北方话都没有的。其主要特点是读得短促,不能拖长。阴入发音高,阳入发音低。我们通过在韵尾加辅音字母来表示入声,以便跟舒声调相区别,不需要另加声调符号。同一个入声韵母,清辅音字母 k 或 t 表示阴入调,浊辅音字母 g 或 d 表示阳入调。

(4) 看起来,苏州话的声调比普通话多,但是,在普通话里,每一个字都读得出明确的声调,苏州话却因为连读变调(后面将专门讲什么是连读变调)的影响,很多字在单独念时,只能读出声韵母,读不出声调,或者拿不准声调。这是苏州话(以及所有吴语)的一大特点。对许多字,只要知道它在一个词语或句子里怎么说就行,不必过分追究它单独怎么念。具体怎么发音,还是要靠老师示范或光盘录音。平时常跟苏州本地人学习模仿发音也很重要。

练 习

1. 读出下列词语并解释。

勤脱、外口头、里向、动气、僻葛、壮子、脱勒脱、抢两针、生活、笃定

2. "里向还好"的"里向"与"日里向、夜里向"的"里向"有什么区别？

3. 苏州话"生活"与普通话"生活"有什么区别？

第17课 时令节气

课文

陆：倷阿晓得，旧年有大年夜，今年无不大年夜。 242
顾：喔，为啥道理？ 243
陆：旧年阴历十二月是大月，今年十二月是小月，只有廿九日。 244
顾：我晓得开年阳历是闰年。 245
陆：现在辩天气匣有点弗对，热天朆热、冷天朆冷。 246
顾：而且热天勒冷天侪特别长。 247
陆：春天勒秋天末短得来，刚刚脱脱棉袄就好托着衬衫则。 248
顾：本来末要起仔西北风勒有羊汤吃，现在是热天一过羊汤就摆出来哉。 249
陆：倪苏州本生顶讲究时令。啥辰光有啥物事上市，过仔辰光就落市哉，吃弗着则。倷像青团子，只有清明节有嗳，现在是随便啥辰光侪有得卖葛。 250
顾：现在葛月饼匣是一过热天就勒海做广告则。 251
陆：我觉着辩场有点弗稀奇则，阿是？ 252
顾：但不过冬至大如年，倒还是老规矩。冬阳酒多得来。 253
陆：冬阳酒是蛮灵该，符合现在吃低度酒。 254
顾：好当饮料，啊？ 255
陆：应该发展。 256

释文

陆：你知道吗？去年有大年夜，今年没有大年夜。 242

顾：喔，为什么？ 243
陆：去年农历十二月是大尽，今年十二月是小尽，只有二十九天。 244
顾：我知道明年阳历是闰年。 245
陆：现在这天气有点不正常，夏天太热，冬天太冷。 246
顾：而且夏天、冬天都特别长。 247
陆：春天跟秋天特别短，刚脱了棉袄就可以单穿衬衫了。 248
顾：本来要刮了西北风才有羊汤吃，现在夏天一过羊汤就摆出来了。 249
陆：我们苏州本来最讲究时令。什么时候有什么东西上市，过了时间就落市了，吃不到了。你比如青团子，只有清明节才有，现在是随便什么时候都有得卖。 250
顾：现在的月饼也是一过夏天就在做广告了。 251
陆：我觉得这样有点不稀罕了，是不是？ 252
顾：但是冬至大如年，倒还是老规矩。冬阳酒多得很。 253
陆：冬阳酒不错，符合现在喝低度酒。 254
顾：可以当饮料，是吗？ 255
陆：应该发展。 256

注 释

大月：大尽，农历一个月三十天。

小月：小尽，农历一个月二十九天。

闰年：yúnnie。

闰月：yún'ngeg。

短得来：形容很短。"……得来"是一个表程度较高的补语。

脱脱：tektek，脱下。

托着：tokzak，单穿，即穿了衬衫，不同时穿别的起保暖作用的衣服。"托"是同音字。"单独（穿）"，只能用在这里。"着"是多音字，这里读zak，"穿着"的"着"。

起风：（开始）刮风。

羊汤：苏州风味时令食品。用专门方法制作的羊肉，包括羊肉汤。

旧时由郊区农民在冬季农闲时制作后到城里开店出售。

青团子：用一种嫩麦草捣碎取汁加在糯米面里制成的团子。旧时在清明节时吃。

冬阳酒：dōngyanzou，一种只在冬至节喝的米酒，味甜，酒精度很低。通常写作"冬酿酒"，但"酿"读 niân，读音不对。

语法

相当于"的"的说法

"葛"

苏州话相当于"的"的说法是"葛"kek。

普通话"的"用法可以分两种：一种用在句子之中；一种用在句子末。

"葛"在句子中时，用法基本上跟普通话一样。如：

我葛鞋子。

红葛衣裳。

"葛"用在句末时，也相当于"的"，但比普通话用得多，在陈述一件事时，为了强调这件事的存在，后头都要加"葛"。而在普通话里，只有少数句子加"的"，多数都不必加。如：

会写葛 会写的。

俚会得来葛 他会来的。

阿去？——去葛 去不去？——去的。

蹰去？——去葛 去了没有？——去了。

好葛

这是苏州人最常用的表示同意对方意见的答语，大体相当于英语的 Yes 或河南话的"中"、四川人的"要得"。正宗的北京话应该是"行"或"成"。如：

弗大灵葛 不怎么样。

贵杀葛 挺贵的。

看看葛 （只是）看一下。

无不关系葛 没关系。

坐得落葛_{坐得下。}

到观前去葛_{去观前（苏州市中心）了。}

文化背景

苏州习俗，特别讲究不同的时令各有不同的习俗，并有各具特色的食品。这充分体现出苏州的物产富饶，以及苏州人特别丰富多彩的日常生活。

练 习

1. 读出下列词并解释。

旧年、开年、刚刚、脱脱、托着、短得来、起风

2. 本文提到了苏州人常吃的时令食品有哪些？

3. 苏州话口语里"葛"字用得相当多，熟练掌握"葛"字的含义和用法，讲五句含"葛"字的苏州话。

课文

顾:	倷阿欢喜荡马路嘎?	257
陆:	伲男人弗欢喜荡马路葛。伲末要买啥物事,就去买,买好就转来则晼。	258
顾:	唉,辩末倷就弗懂哉。伲女人就是欢喜荡马路。	259
陆:	有啥荡头佳?	260
顾:	想买样把称心葛物事,哪面会一去就买着葛? 倷要慢慢叫淘,阿懂?	261
陆:	亦弗是古董佬要淘。	262
顾:	譬如倷买件衣裳,花头看中则,料作弗称心;款式蛮灵,但不过价钿忒贵,哪面会得一埭就买成功呢?	263
陆:	辩场阿要掗切杀!	264
顾:	唉,伲女葛就欢喜。一爿爿店家兜兜,一件件衣裳看看,还可以领领市面,来得葛有味道。	265
陆:	阿要还价葛呀?	266
顾:	还价末终归要还葛晼。否则哪亨买得着便宜货呢?	267
陆:	我是无不心想葛。	268
顾:	辩末倷派头大晼。	269
陆:	所以我穷呀。	270
顾:	唉,亦要哭穷哉。	271

释文

顾：你喜欢逛街吗？　　　　　　　　　　　　　　　　257
陆：我们男人不喜欢逛街。我们要买什么东西，就去买，买了就回
　　家。　　　　　　　　　　　　　　　　　　　　　258
顾：啊，这你就不懂啦。我们女人就是喜欢逛街。　　　259
陆：有什么好逛的？　　　　　　　　　　　　　　　　260
顾：想买一件称心的东西，哪儿能一去就买到呢？你要慢慢儿地找。261
陆：又不是觅古董。　　　　　　　　　　　　　　　　262
顾：比如你买件衣服，花色看中了，料子不称心；款式不错，但价钱太
　　贵，哪儿能一次就买成呢？　　　　　　　　　　　263
陆：这样多麻烦啊。　　　　　　　　　　　　　　　　264
顾：啊，我们女的就喜欢。一家家商店转悠，一件件衣服看看，还可
　　以了解行情，有意思得很。　　　　　　　　　　　265
陆：要不要还价？　　　　　　　　　　　　　　　　　266
顾：还价总是要的。否则怎么能买到便宜货呢？　　　　267
陆：我可没这耐心。　　　　　　　　　　　　　　　　268
顾：你的派头大。　　　　　　　　　　　　　　　　　269
陆：所以我穷啊。　　　　　　　　　　　　　　　　　270
顾：诶，又要叫穷了。　　　　　　　　　　　　　　　271

注释

　　荡马路：逛街。
　　转来：回来。
　　淘：买东西时耐心地一家家寻觅、筛选，以便买到最称心的东西。
　　花头：这里的意思是"花色"。
　　一埭：一趟、一次。
　　捱切：麻烦、啰嗦、挑剔。
　　爿：bé，用于商店的量词，一爿店就是一家店。

兜兜：绕圈儿，转悠，引申为逛逛。

店家：商店。

领市面：了解行情。

味道：mídao，"味"用白读。它的文读是 fí。这里是"韵味"的意思。

苏州人杀半价：俗语，指苏州习惯还价时还半价，要价一百元，还价五十元。

便宜货：biénighu，"宜"发音特别，与"热"同音。

无不心想：没有耐心。有心想，就是有耐心。但一般不能单说"心想"。

哭穷：叫穷、装穷。

语 法

动词重叠

普通话的动词可以重叠，例如：

让我想想、到外头走走、看看书、听听音乐

苏州话的重叠动词的使用范围比普通话大得多，它后头可以跟很多普通话不能跟的词语。

（1）后头跟名词，跟"看看书、听听音乐"一样，表示做得比较轻松。但普通话一般不这么说。如：

吃吃饭、问问讯、讨讨饶

（2）后头跟结果补语，普通话不说，意思也是表示动作比较随意。如：

吃吃脱、弄弄好、烧烧熟、揿揿扁压扁、看看穿对事情看淡一些、塞塞牢堵住、乩扔乩辣外头随意地扔在外头

（3）后头跟"葛"。如：

我看看葛

这话在逛商店时常说，意思只是看看，不买。

（4）用于祈使句。如：

立立好站好了！

拿杯酒呷呷脱把酒喝了！

(5) 前头加状语，也表示比较随便。如：

瞎讲讲随便说说、毛估估大略估计一下、红烧烧(将菜)红烧吧

(6) 后头跟"看"，表示尝试。如：

望望看、做做看、傍傍看比比看、看看看

"看看看"是常用语，前两个"看"是重叠，后一个"看"表示尝试。

练 习

1. 读出下列词语并解释。

荡马路、转来、慢慢叫、淘、花头、料作、一埭、掭切杀、无不心想、店家、领市面、来得葛有味道

2. 模仿并练习苏州话重叠动词的使用。

(1) 后头跟名词：看看书、听听音乐、问问讯、讨讨饶

(2) 后头跟结果补语：吃吃脱、弄弄好

(3) 后头跟"葛"：看看葛、尝尝葛

(4) 用于祈使句：立立好、拉拉直

(5) 前头加状语：瞎讲讲、毛估估

(6) 后头跟"看"：望望看、看看看

第19课 问路

课文

顾：我想去看看小朱，俚住辣哪面？	272
陆：喔唷，俚笃屋里辣古城区，一条小弄堂里，弗大好寻该。	273
顾：捺亨走法佳？	274
陆：倷从伲哀搭坐三十二路公交车，坐三站下来，穿过马路，对面一条小巷里，一脚走。	275
顾：倷等歇歇，让我记一记。	276
陆：大约摸账走十分钟，从弅条巷熟出去，再左手转弯，走脱一段，有个小超市……	277
顾：阿要走几化辰光？	278
陆：三五分钟吧？小超市隔壁头有条小弄堂，进去，笃底，碰鼻头转弯，第三家，一个石库门里，就是小朱屋里则。	279
顾：喔唷，实头难寻该。	280
陆：弅日子搭有个北方人来问我，到网师园望东走勒还是望南，我匣弄弗清爽。	281
顾：弅末倷捺亨讲呢？	282
陆：我讲伲南方只晓得右手转弯勒左手转弯。搭俚缠夹二先生，缠仔半日。吃力得来。	283
顾：唉，俚笃北方佬讲东南西北葛。	284
陆：俚笃匣有俚笃葛道理，各地葛地势弗一样。	285
顾：喊我认东南西北是，要带仔指南针勒弄得清爽。	286

释 文

顾：我想去看看小朱,他住在哪儿？ 272
陆：啊,他们家在古城区,一个小胡同里,不太好找。 273
顾：怎么走呢？ 274
陆：你从我们这儿坐三十二路公交车,坐三站下来,穿过马路,对面一条小巷里,一直走。 275
顾：你等一下,让我记一记。 276
陆：大约走十分钟,从这条巷子穿出去,再左手拐弯,走了一段,有个小超市…… 277
顾：要走多久？ 278
陆：三五分钟吧？小超市隔壁有条小胡同,进去,到底,再拐弯,第三家,一个石库门里,就是小朱家了。 279
顾：唉,真难找。 280
陆：那一天有个北方人来问我,到网师园往东走还是往南走,我也弄不清。 281
顾：那么你怎么说呢？ 282
陆：我说我们南方只知道右拐和左拐。跟他纠缠了半天,真费劲。 283
顾：是啊,他们北方人都讲东南西北。 284
陆：他们也有他们的道理,各地的地势不一样。 285
顾：让我认东南西北,要带了指南针才弄得清楚。 286

注 释

弄堂：lóngdang,相当于北京的"胡同"。也可说"弄"lông。

弄：lông,① 弄堂；② "万能"动词,类似西南官话的"搞"。如：弄弄好｜弄点饭吃｜弄弗清爽。

一脚走：一直走。可引申为"干脆、同时"。如：倷管匣管则,一脚走管到底吧 你已经管了,干脆管到底吧。

大约摸账：大约。

熟：sog，本义是"捅、戳"，这里的意思"穿过"。这是同音字。

三五分钟：sāngfenzong，"三"在组成"三四（个）"、"三五（个）"表示约数时，发音特别，与"晒"同音。

隔壁头：隔壁。

笃底：到底，"笃"dok是同音字。

碰鼻头转弯：俗语，走到头再拐弯。苏州丁字形的路较多，经常要"碰鼻头转弯"。

石库门：门框用条石砌成的大门，石库门房子是近代江南一带常见民居。

望（东走）：mâng，白读。相当于"往"。其实，北京口语"往"读第四声，也是"望"。

缠夹二先生：俗语，老是把事情听错、理解错的人。

吃力：费力，累。

语音

声调2

我国东南地区，包括江苏、安徽两省淮河以南的方言，都有入声。这些地区的人辨别哪个是入声没有问题。所不同的是，有些地区入声只有一个，而苏州话有两个入声，一高一低，高的是阴入，低的是阳入。

北方和西南地区都没有入声，这些地区的人辨别哪些字是入声比较难，主要靠多听多记，有一些办法可以帮助记忆。

（1）普通话 b d g j zh z 声母拼第二声的字，在苏州话里都是入声字。如（前一注音是普通话，后一注音是苏州话）：伯 bó—bak、笛 dí—dig、格 gé—gak、直 zhí—seg。

（2）在普通话里读下面这些音节的字，不管什么声调，在苏州话里都是入声。如：

　　fa fo
　　de te ne le ze ce se
　　kuo zhuo chuo shuo ruo

学说苏州话

bie pie mie die tie nie lie(除了"爹")
nue lue jue que xue yue(除了"瘸、靴")
dei gei kei hei zei sei

（3）在普通话里读下面这些音节的字,不管什么声调,在苏州话里都不是入声。如：

zi ci si

er

uei 韵母的音节

有鼻音尾—n 和—ng 的音节

文化背景

石库门：苏南地区常见的民居,起于清末。最主要的特征是,大门的门框四边都用条形花岗石砌成,进门是天井,对面是客堂(客厅),左右是厢房。

练　习

1. 用苏州话读出下列词语并解释。

弄堂、捡亨走法、一脚走、大约摸账、熟出去、隔壁头、笃底、碰鼻头转弯、望东走、缠夹二先生、缠仔半日、吃力得来

2. 将下列句子译成苏州话。

（1）我们要去观前街,怎么走？

（2）从这条胡同一直走到底,前面没路了再转弯。大约走十分钟就到了。

（3）刚才碰到一个外地人来问路,跟他纠缠了半天,真费劲。

第20课　车子

课文

陆：昨日我上班，半路浪脚踏车出毛病则，推板滴滴迟到。　　287

顾：倷葛部蹩脚车子老早好换换则啘。　　288

陆：犟辰光买葛辰光匣四百多块得来，比我再前头犟部凤凰牌好好叫轻勒。　　289

顾：犟个弗好比则。我记得伲爷犟辰光一部凤凰车凭票买葛。俚是宝贝得弗得了，日朝转来要揩葛。伲阿哥偷伴骑出去学，推板点吃着一顿生活。　　290

陆：现在是凤凰牌看匣看弗大着哉。后手来有一抢呢行助动车，犟是速度好好叫比脚踏车快。　　291

顾：助动车有点像摩托车，污染结棍。　　292

陆：所以就禁止则。我弗失头，刚刚买转来，勼骑着几日天，就弗好骑则。　　293

顾：所以倷索性骑脚踏车则？　　294

陆：我买弗起则啘。　　295

顾：买弗起电动车末买汽车啘。　　296

陆：哪搭有哀种道理葛？　　297

顾：我晓得葛。倷犟日匣勒海搭我打听哪只汽车葛牌子好勒。　　298

陆：实在是形势所迫，无不办法。　　299

顾：明朝礼拜日，我陪倷去看。　　300

陆：倷比我匣心急。　　301

释 文

陆：昨天我上班,半路上自行车出毛病了,差点儿迟到。　　　287

顾：你那辆破车早该换了。　　　288

陆：当时买的时候四百多元呢,比我再前头那辆凤凰牌轻多了。　　　289

顾：这不能比了。我记得我爸那时候一辆凤凰车凭票买的。他拿它当宝贝,天天回来要擦。我哥偷偷骑出去学,差点儿挨一顿打。　　　290

陆：现在都看不见凤凰牌了。后来有一阵流行助动车,速度比自行车快多了。　　　291

顾：助动车有点像摩托车,污染厉害。　　　292

陆：所以就禁止了。我倒霉,刚买回来,骑了没几天,就不让骑了。　　　293

顾：所以你干脆骑自行车?　　　294

陆：我买不起了啊。　　　295

顾：买不起电动车就买汽车吧。　　　296

陆：哪儿有这种逻辑?　　　297

顾：我知道。你那天还在跟我打听哪个汽车的牌子好呢。　　　298

陆：实在是形势所迫,没办法。　　　299

顾：明天星期天,我陪你去看。　　　300

陆：你比我还着急。　　　301

注 释

车子：即"车"。

脚踏车：自行车。

蹩脚：bigjiak,(质量)差。此词本是吴语,现在普通话也通用。

偷伴：tōubhoe,偷偷地。"伴"同音字。

吃生活：qiksánweg,挨揍。

有一抢：yôuyikcian,有一阵子。"抢"同音字。

结棍：jikgǔn,厉害。

弗失头：feksekdhou,运气不好,倒霉(不能单说"失头")。如：今朝弗失头，皮夹子偷脱哉_{今天倒霉，钱包给偷了}。"失"是同音字。也可说"触霉头"。

心急：心里着急。是一个固定的词，常说"蛮心急"，即"心里很急"。

语 法

疑问词

阿 at 䏧 ān

在句子开头加"阿"来发问，这是苏州话的一大特点（南京、扬州等江淮方言也有这一特点）。其实相当于近代白话小说里的"可"。如：

倷阿吃_{你吃吗?}

阿好_{好不好，行不行?}

倷笃阿要先吃起来_{你们要不要先吃着?}

俚笃阿勒海吃介_{他们在/在那儿吃吗?}

俚阿是弗想去啊_{他是不是想去吗?}

䏧是"阿曾"的合音，意思是"可曾"，普通话的"有没有"，问过去的情况。如：

倷䏧吃勒_{你吃了吗?}

俚䏧到过北京_{他去过北京吗?}

练 习

1. 读出下列词语并解释。

脚踏车、推板滴滴、蹩脚、老早好换换、好好叫、偷伴、一顿生活、有一抢、后手来、结棍、弗失头、心急

2. 疑问词"阿"、"䏧"有何区别？用"阿"、"䏧"各造两个句子。

第21课　搬场

课文

顾：倷帮我看看，我辩点家生捺亨摆法。	302
陆：倷葛家生弗少，是弗大好放。	303
顾：沙发朝哪面呢？	304
陆：我来想想看啊。沙发靠左面，电视机放辣对过。辩场呢，倷哀面走路头浪弗会得汤脱。	305
顾：辩末吃饭台子呢？	306
陆：吃饭台子末放浪厨房间前头，横过来放，弗大荐场化。	307
顾：不过还是要拖过来点，否则到晒台浪去有点碍事。	308
陆：倷只红木写字台是气派葛。	309
顾：忒狼犺，搬进来辰光是吃力得弗得了。	310
陆：我看倷再望归横头统点，熟着实辣墙头浪。	311
顾：等歇去喊伲兄弟来帮我统，伲两家头是弄弗动俚葛。	312
陆：倷辩卫生间匣蛮大唻。	313
顾：只浴缸蛮舒畅葛，我蛮欢喜。	314
陆：辩夜壶箱有点特别唻，我也弗看见过哀种样子葛。	315
顾：我淘仔长远勒淘得来葛。蛮有创意吧？	316
陆：倷只大理石台面葛百灵台匣蛮精致葛。	317
顾：我想放辣哀只阳光室里，阿灵？	318
陆：蛮好唻。下埭到倷笃屋里来打牌。	319
顾：一句闲话！	320

释文

顾：你帮我看看，我这些家具怎么摆法。	302
陆：你家具很多，确实不太好放。	303
顾：沙发朝哪儿呢？	304
陆：我想一下。沙发靠左，电视机搁在对面。这样呢，你这边的过道不会给挡住。	305
顾：那么餐桌呢？	306
陆：餐桌搁在厨房前头，横着搁，不太占地儿。	307
顾：不过还是挪过来一些，否则到阳台去有些碍事。	308
陆：你那红木书桌很气派。	309
顾：体积太大了，搬进来时真费劲。	310
陆：我看你再往那边挪一点，顶着墙。	311
顾：呆会儿去喊我弟弟来帮我抬，我们俩可动不了它。	312
陆：你这卫生间也挺大。	313
顾：这浴缸很舒畅，我很喜欢。	314
陆：这床头柜有点特别，我都没见过这种样子的。	315
顾：我挑了好久才挑到的。挺有创意吧？	316
陆：你这大理石圆桌很精致。	317
顾：我想搁在这个阳光室里，行吧？	318
陆：很好。下回到你们家来打牌。	319
顾：没问题！	320

注释

搬场：搬家。

家生：gāsan，家具。

左面：左边。"左"读音特殊：zī。年轻人已改读 zū，不特殊了。

走路头浪：走路的地方，过道。

汤：tāng，遮挡，这是同音字。

吃饭台子：餐桌。

厨房间：厨房。

荐场化：ziēshanho，占地方。"荐"是同音字，即"占"。

晒台：阳台。

狼犹：lángghang，体积过大。

归横头：guēwandou，那一头。也可以说"该横头"gēwandou 等。

统：tòng，挪。同音字。

熟着实：sogsagseg，顶到头。"熟"捅，顶。

倪两家头：咱们俩。

夜壶箱：床头柜。

百灵台：一种小巧的圆桌。

下埭：下次，跟"下趟"意思相同，"下埭"稍老的苏州话发音。

一句闲话：一句话，引申为"一言既出，驷马难追"，说定了不更改。

扩展词语

1. 家具

橱：柜子。

圆台：圆桌。

麻将台：适合坐四人的方桌，不是专用来打麻将的。

写字台：办公桌，书桌。

矮凳：凳子。

凳子_新：凳子。

交椅：gāoyu，椅子。"交"白读，"椅"发音特殊。

2. 方向、位置

场化：sánho，地方。

上头：上面。

下头：下面。

横多里：wánduli，横的方向。

当中：中间。

前头：前面。

后头：后面。

对过：对面。

门前：面前。

外头：外面。

边浪：旁边儿。

天浪：天上。

地浪：① 地下：当心特勒地浪_{当心掉在地下}！② 地上：地浪忒腌臜_{地上太脏}。

语 法

多余的结果补语

"好"和"脱"

普通话表示动作完成一般有两种方式，一种是加一个明确结果的形容词，再加"了"。如：

吃完了、洗干净了、茶杯打破了、扔出去了

另一种只加"了"。如：

吃了、洗了、茶杯打了、扔了

苏州话这两种方式也有，前面已说过，相当于"了"的词在苏州话是"哉"。但苏州话还有一种用得更多的说法，即不明确说明情况，凡是正面的结果，都用"好哉"；负面的结果都用"脱哉"。如：

饭吃好哉、衣裳汏好哉

茶杯打脱哉、丢脱哉

吃饭，如从吃饱的角度看，可以说"吃好哉"，如从花了好多钱的角度看，就会说"一顿饭吃脱几百块"。

如果正面、负面的区别不明显，"好"和"脱"都可以说。如：

今朝上半日汏好几件衣裳。

今朝上半日汏脱几件衣裳。

"好"和"脱"还常用作重叠动词后。如：

(身体)坐坐好、(事体)做做脱

练习

1. 读出下列词语并解释。

搬场、家生、摆法、对过、汤脱、荇场化、拖过来、晒台、碍事、狼犺、吃力、等歇、弄弗动、夜壶箱、百灵台、下埭

2. 将下面句子译成苏州话。
(1) 我买了套新房子,明天要搬家了。

(2) 要我来帮你搬吗?家具请搬家公司搬,我们两个人搬不动。

(3) 这张餐桌顶到墙了,往那边移一点。

(4) 哦!你把阳台做成阳光室,太好了。

第22课　生　日

课文

顾：明朝伲娘生日。		321
陆：几岁则？		322
顾：六十岁啘。		323
陆：喔唷,六十大寿,要好好叫庆祝则。		324
顾：伲匣准备搭俚好好叫做做寿,俚弗肯。		325
陆：是该,年纪大葛人终归比较节省。		326
顾：俚讲俚弗欢喜吃鸡蛋糕,曼得吃碗面末则。		327
陆：豁辰光生日末是吃面骨,长寿面啘。		328
顾：阿要再做点啥呢?		329
陆：无不则。弄弄还忘记脱。		330
顾：伲娘匣实梗讲葛。忘记末就忘记,有啥关系佳?		331
陆：像伲爷是还弗欢喜吃面勒,摊叫吃饭好则,一年就是生日吃一碗面。		332
顾：豁末终归要吃碗鱼肉双浇面吧?		333
陆：海倷! 弗吃阳春面就蛮好则。		334
顾：豁辰光条件是真推板啊。		335
陆：现在是,点蜡烛、吃大蛋糕是板要葛,顶好到饭店里去订桌,甚超至于要大请客。		336
顾：像煞有点忒洋气,啊? 失脱传统特色则。		337
陆：我觉着豁倒匣无啥弗可以,各人欢喜,勤忒过分就好。		338
顾：豁倒匣对葛。我再去动员动员伲姆妈,至少伲一家门到饭店里		

吃一顿。	339
陆：看倷本事则，我明朝听倷消息。	340

释文

顾：明天是我妈生日。	321
陆：多大岁数?	322
顾：六十岁。	323
陆：啊，六十大寿，要好好地庆祝了。	324
顾：我们也准备跟她好好做寿，她不同意。	325
陆：是的，岁数大的人总比较节约。	326
顾：她说她不喜欢吃蛋糕，只要吃碗面条就行。	327
陆：那时候生日就是吃面条，长寿面啊。	328
顾：还做点什么呢?	329
陆：没啦。弄不好还忘记了。	330
顾：我妈也这么说。忘记就忘记，有什么关系呢?	331
陆：我爸爸还不喜欢吃面条，只要吃米饭就行，一年就是生日吃一碗面条。	332
顾：那总要吃碗鱼肉双浇面吧?	333
陆：想得美！不吃阳春面就很好了。	334
顾：那时候条件真差啊。	335
陆：现在是，点蜡烛、吃大蛋糕是一定要的，最好到饭馆去订一桌，甚至要大请客。	336
顾：好像有点太洋气，是吧? 失了传统特色了。	337
陆：我觉得这倒也没什么不可以，各人喜欢，别太过分就行。	338
顾：这倒是对的。我再去动员一下我妈，至少我们一家人去饭馆吃一顿。	339
陆：看你的本事了，我明天听你的消息。	340

注释

六十大寿：这里的"大"读文读：dâ。

弄弄：这里相当于"搞不好（的话）"。

摊叫：副词"单单，光是"。两个字都是同音字。

鱼肉双浇面："浇"指"浇头"，是在吃以前就事先准备好，放在面条上或米饭上的菜肴。"浇"字不一定是本字。又有鱼又有肉的双份浇头叫"鱼肉双浇"，旧时条件差，这就是最好的浇头了。

海㑚："海"是"许诺"的意思，"海"是同音字，本字应该是"许"。"海㑚"是"给你许诺"。但在这里是反话，是不给许诺，不给优惠。

阳春面：没有浇头的面条，也叫"光面"，"阳春面"可以说是"美其名曰"。旧时条件差，人们往往吃不起有浇头的面条，只能吃阳春面。现在条件改善，已没有卖阳春面的了。

板要：一定要。"板"，副词"一定"。

饭店：饭馆。专售普通饭菜的店，不管住宿。"饭"只限于大米饭，另有专售面条的面馆。出售高级菜肴的旧称菜馆，相当于普通话的酒店。

无啥：m̩sa，在这里是它的本义"没什么"。

一家门：一家子。

语音

考本字

每个方言口语里都有不少读音，写不出对应的字来，苏州话也这样。考证这些读音对应的是哪个汉字，有个专门说法，叫"考本字"。考本字牵涉很多问题，要确定某读音就是某字，并不容易，是一件专业性很强的工作。一般来说，只有一部分读音可以确有把握地考出它的本字。有些读音可能根本没有本字。还有好多字，则似是而非，有点像某字，又有点不像，或者有点像这个字，也有点像那个字，谁也说服不了谁。事实上，找一个意义和读音都差不多的字当作本字，往往不很难，但让专业工作者用科学的眼光看，常常会有一些问题，不能轻易确定。

作为专业工作者，我们对考本字采用严格的标准。因此，写出的本字不太多，凡是没有充分把握的字都不采用，仅用方框表示。另外，有的本字是罕见字，一般人看了会觉得很古怪，用起来不方便，不如用俗字容

易接受。

练 习

1. 读出下列词语并解释。
弄弄、摊叫、终归、双浇面、阳春面、海㑳、板要、一家门

2. 仿照课文用苏州话讲你或家人、朋友过生日的情景。(不少于8句)

第23课 天气(下)

课文

陆：再搭倷讲讲伲苏州葛天气。　　　　　　　　　　　　341

顾：苏州葛天气末好唲。　　　　　　　　　　　　　　　342

陆：第一是四季分明，热天末热，冷天末冷，但是比起真正热葛场化、冷葛场化呢，匣弗算特别结棍。春秋天末当然顶顶适意则。　343

顾：顶好四季侪弗冷弗热。　　　　　　　　　　　　　　344

陆：倷就弗晓得则。中国是农业社会，靠天吃饭葛。田里葛农作物就是要四季分明，所以伲苏州一向风调雨顺。一直弗冷弗热，就要无不饭吃哉。　　　　　　　　　　　　　　　　　345

顾：喔，是辩场啊。　　　　　　　　　　　　　　　　　346

陆：还有一个好处。苏州一向无不啥大葛自然灾害葛。倷朆发觉？"水灾、旱灾"辩两个词，伲苏州闲话里匣弗大讲。为啥道理？无不哀种灾唲。　　　　　　　　　　　　　　　　347

顾：辩末完全无不讲法啊？　　　　　　　　　　　　　　348

陆：水灾伲好讲"发大水"。上个世纪五十年代葛辰光，苏州发过一趟大水。我听伲爷讲过，推板一滴滴水汆到屋里来，但是，就到门口头，朆进来。　　　　　　　　　　　　　　　　　349

顾：但不过台风有葛。　　　　　　　　　　　　　　　　350

陆：台风是有葛，但是匣蛮少成功灾害。美国有龙卷风，伲从来无不葛。　　　　　　　　　　　　　　　　　　　351

顾：还有地震匣无不啥葛。　　　　　　　　　　　　　　352

陆：赛过天老爷特别搭伲苏州开个后门，灾害侪弗拨伲。　353

| 顾：现在的天气已经推板点哉。 | 354 |
| 陆：所以倷要好好叫爱惜啊。 | 355 |

释文

陆：再跟你说说我们苏州的天气。	341
顾：苏州的天气好啊。	342
陆：第一是四季分明，夏天热，冬天冷，但是跟真正热的地方、冷的地方比，还不算特别厉害。春秋天当然是最舒服了。	343
顾：最好四季都不冷不热。	344
陆：你就不知道了。中国是农业社会，靠天吃饭。地里的庄稼就需要四季分明，所以我们苏州一向风调雨顺。一直不冷不热，就要没饭吃了。	345
顾：哦，是这样啊。	346
陆：还有一个优点。苏州一向没有什么大的自然灾害。你发现了没有？"水灾、旱灾"这两个词，我们苏州话里也不大说。什么原因？我们没有这些灾嘛。	347
顾：那么完全没有说法吗？	349
陆：水灾我们可以说"发大水"。上个世纪50年代的时候，苏州发过一次大水。我听我爸爸说过，水差点儿进家了，但是，就到家门口，没进来。	348
顾：但是有台风。	350
陆：是有台风，但也很少成为灾害。美国有龙卷风，我们从来没有。	351
顾：还有地震也几乎没有。	352
陆：就像老天爷特别给苏州开个后门，灾害都不给我们。	353
顾：现在的天气已经差了。	354
陆：所以我们要好好珍惜啊。	355

注释

完全：woêshie，"完"在这里不读阳平 woé。

氽：tèn，这里的意思跟第七课略有不同，是"漂浮、漂流"的意思。

门口头：门口。

成功：苏州话"成功"用得比普通话多。这里的意思是"成为"。还常说某事"弗成功哉"，即"不成了"。

爱惜：ēsik，这里是口语用词。

语　法

特殊的语气词1

这里介绍的是普通话不说、连上海话也不说的苏州特色最浓的语气词，它们都是同音字，语气词都没有自己的声调。

佳 jia

"佳"主要用在带"阿"的疑问句后，少数情况下，也用在特殊疑问句后，但不能用在陈述句后。如：

倷阿去佳_{你去吗？}

小王到上海去作啥佳_{小王到上海去干什么呀？}

外头啥人佳_{外头谁呀？}

俚作啥弗肯吃佳_{他干什么不愿吃啊？}

阿会得弗来葛佳_{会不会不来啦？}

"佳"表达的是追问的语气，比较迫切地要对方回答，甚或略带不耐烦。上述例句末不带"佳"或换成"啊"都可以，基本的疑问义不变，不同的只是语气。

啘 weg

"啘"常跟在"葛"后，这时就会发生合音，变成"骨"kueg，意思不变。

"啘"的语气是表示说的事情是显而易见的，如：

俚应该来则啘_{他应该来了呀。}

讲讲骨，哪搭会是真葛佳_{说说罢了，哪儿会是真的呢！}

带"啘"的句子往往后头有潜台词。前一句的潜台词是："怎么还不来？"；后一句后续句则已经把潜台词说出来了。

练 习

1. 读出下列词语并解释。
发大水、成功、门口头

2. 学习特殊的语气词并仿照例句各讲三句。
(1) 佳 jia
a. 倷阿去佳？|俚阿吃佳？
b. 小王到上海去作啥佳？|倷阿会得弗来葛佳？

(2) 啘 weg
a. 伲是瞎讲讲骨。|是骨，倷讲得对骨。
b. 俚应该来则啘。|倷葛身体着实灵勒海啘。

第24课 苏绣

课文

顾：刺绣倷阿懂葛？ 356

陆：辂是女小娘儿葛事体，我弗懂。 357

顾：我会得做绷子葛，小辰光跟伲娘学歇过。 358

陆：喔，倷讲拨我听听哩。 359

顾：伲外婆笃辂面蛮多人家侪做绷子葛。辂辰光伲屋里还有一对绷凳，绝绝细葛三只脚，绷子就搁辣上头。绷子侪要绷得特别紧勒好做。 360

陆：捺亨做法呢？ 361

顾：绷子浪有块琴手板，右手呢琴辣上头，左手辣绷子底下。右手一针熟下去，左手辣下头接牢，再从下头熟上来。就实梗一针上，一针下，卜东，卜东，来得个好白相。 362

陆：听起来倷倒真葛有点内行，啊？ 363

顾：辂末生天喏。做绷子平常匣叫做生活，一批生活做好仔呢，伲娘就喊我单到放生活葛社里去，恼末再去领一批转来。 364

陆：辂末像双面绣勒啥，倷阿会葛佳？ 365

顾：喔，哀个是高级葛，真正少数专家会做。伲末侪是普通百姓，侪只会做做普通的生活，像枕套啊、被面啊，弗好算艺术品。 366

陆：一根丝线要劈几十根得勒，阿是？ 367

顾：伲无不哀葛本事，就劈葛几根吧。线匣弗板定是丝线，蹩脚点末就用十字线。 368

陆：辂是大众刺绣。 369

顾：现在连哀个匣大家侪弗会则，我匣蛮骄傲勒海。　　　　　　370

释文

顾：你懂刺绣吗？　　　　　　　　　　　　　　　　　　　356
陆：那是女孩子的事，我不懂。　　　　　　　　　　　　　357
顾：我会做。小时候跟我妈学过。　　　　　　　　　　　　358
陆：啊，你说给我听听。　　　　　　　　　　　　　　　　359
顾：我外婆家那一带好多人家都做绷子。那时候我们家还有一对绷
　　凳，三条很细的腿，绷子就架在上头。绷子都要绷得特别紧才
　　能做。　　　　　　　　　　　　　　　　　　　　　　360
陆：怎么做呢？　　　　　　　　　　　　　　　　　　　　361
顾：绷子上有块搁胳膊的板，右手搁在那板上，左手在绷子底下。右
　　手一针扎下去，左手在底下接住，再从底下往上扎。就这样一针
　　上，一针下，卜东，卜东，好玩得很。　　　　　　　　362
陆：听起来你倒真有点内行，是吧？　　　　　　　　　　　363
顾：那当然了。做绷子平时也叫做生活，一批活儿做完了，我妈就让
　　我送到发放活儿的社里去，然后再去领一批回来。　　　364
陆：那么像双面绣之类，你会吗？　　　　　　　　　　　　365
顾：啊，那是高级的，只有少数专家会做。我们都是普通百姓，都只
　　会做普通的活儿，像枕套、被面之类，不是工艺品。　　366
陆：一根丝线要劈几十根呢，是吗？　　　　　　　　　　　367
顾：我们没这本事，就劈几根吧。线也不一定是丝线，差点的就用十
　　字线。　　　　　　　　　　　　　　　　　　　　　　368
陆：那是大众刺绣。　　　　　　　　　　　　　　　　　　369
顾：现在连这大家也都不会了，我还挺骄傲呢。　　　　　　370

注 释

　　女小娘儿：núsiaonian'ng，女孩子。也常说"小娘儿"siǎonian'ng、
"女小囝"núsiaogoe。"娘"，古代就是对年轻女子的称呼，如"红娘"。最

后一个字是"儿"的白读。一般人不知道是什么字,写成"五"或"鱼"。

绷子:bānzii,刺绣的主要用具。主要由两根木制轴组成,将要刺绣的布的两头缠在轴上,绷紧后,即可在上面绣花。

做绷子:民间称刺绣为做绷子。

小辰光:小的时候。

绷凳:刺绣的专门用具,用来搁置绷子的。

绝绝细:形容很细。

琴手板:jínsoube,搁胳膊的板。

琴:jín,小臂平放的动作。这是同音字。

卜东:象声词。绷子将布绷得很紧,针线穿过时会有此声音。

生天:sāntie,即"天生",引申为"本来如此"。

做生活:zūsanweg,干活儿,在这里专指刺绣。

单:dē,主动把东西拿去给人。这是同音字。

社:指刺绣合作社。

双面绣:苏绣的重要技艺。绣的图案正反两面完全一样。

板定:一定。

语 音

声调3

连读变调

什么叫连读变调?一个字在单念时有一个声调,我们称作单字调,但在跟别的字组成一个词或句子时,声调会变,变成别的调,这就是连读变调。在普通话里,轻声就是最主要的连读变调。"头"单念是第二声,但在"石头"里成了轻声。还有上声会变调。两个上声相连,前字变为阳平,"有"≠"油",但"有水"="油水"。上声在其他三个声调前读半上。如"老王"的"老"。

苏州话的变调要比普通话多得多。每个字的声调都会变,而且变得面目全非。许多字因为总是跟别的字在一起,没有单独念的机会,它的本来面目(即单字调)就被遗忘了。例如,"书架"和"暑假"在苏州话里同

音,"书"能单说,本调读阴平,没有问题;但"暑"不能单说,就说不清楚本调了。一定要说的话,很可能一个人说一个样。想按单字的声调说词语和句子,是完全不行的。

专业学者经过多年的研究,大体掌握了变化的规律,但因为规律太复杂,不宜在这里讲解。一般读者还是跟随老师或录音模仿为好,不值得花功夫掌握其规律。

要提醒读者的是,你们会发现,书中词语的拼音注音经常有不标声调的,除了入声字本来规定不标声调外,其他字不标声调,就是因为连读变调使这些字处于相当于轻声的状态,所以不再标调。

文化背景

苏州的刺绣简称苏绣,中国四大名绣之一。

刺绣在苏州可以分成两类,一类是尖端的,近代最著名的苏绣艺术家是沈寿,其作品达到高度艺术水准,曾在国际博览会上获金奖。新中国成立后这一工艺继续发展,许多作品成为赠送国际友人的高端礼品。

另一类是民间的,民间的刺绣技艺在苏州城乡也十分普及。新中国成立初期有刺绣合作社,将待加工的刺绣日用品发放给家庭,苏州大量的妇女承担了刺绣工作,成为苏绣艺术发展的基础。

练 习

1. 读出下列词语并解释。

女小娘儿、做绷子、小辰光、绷凳、绝绝细、琴手板、(一针)熟(下去)、卜东、生天、单、恼末、劈、板定、放生活

2. 将下列苏州话、普通话混杂的句子改写成纯苏州话。

(1)倷姆妈小姑娘葛时候就会绣花的,你会吗?

(2)我姐姐好像天生喜欢刺绣,只要倷娘从绷凳上一立起来,她就坐

下去绣则。

(3) 我们苏州的刺绣在世界上都是有名气的,可惜现在葛年轻人都不肯做这个生活了。

(4) 外面有人敲门了,是不是我小时候的朋友来哉。让我去看一下。

第25课 隔壁乡邻

课文

陆：我现在住辣吴中区葛新公房里，赛过无不乡邻则，弗惯得啦。		371
顾：为啥呢？		372
陆：苏州人叫"金乡邻，银亲眷"，乡邻比亲眷匣要紧。		373
顾：哀句闲话我匣听见歇过葛。		374
陆：乡邻一日到夜侪辣倷身边，屋里有点啥事体，乡邻侪好帮忙。亲眷再难是自家人，住得远，一歇歇弗好飞得来。阿对？		375
顾：唉，辫倒是葛。		376
陆：伲辫辰光住辣古城区，一个大门里，住仔十七八家人家，轧是轧着点，但是闹热豌。		377
顾：我小辰光屋里匣是尚该。伲屋里今朝吃啥小菜，别人家侪晓得，别人家屋里来个啥客人，伲匣侪晓得。		378
陆：大家几化有照应得勒。我烧烧菜酱油无不哉，煤炉浪亦走弗开，倷匣用弗着急得，隔壁乡邻马上拿拨倷则。		379
顾：真葛是便当葛。		380
陆：年纪大葛万一有点啥事体，大家马上好来帮忙，比喊救护车匣快。		381
顾：辫是现在葛小区是弗来事该。防盗门一锁，完全搭外头隔绝！		382
陆：苏州葛老房子是侪有天井葛，大家侪好辣天井里碰头，讲讲闲话。现在乡邻笃想碰碰头匣无不场化豌。		383
顾：是葛。倷辫场讲，说明老房子倒匣有老房子葛好处。		384
陆：要末伲再搬转去吧？		385

释文

陆：我现在住在吴中区的新楼房里，好像没有邻居了，真不习惯。 371
顾：为什么呢？ 372
陆：苏州人说"金乡邻，银亲眷"，邻居比亲戚还重要。 373
顾：这句话我也听说过。 374
陆：邻居一天到晚在你身边，家里有什么事情，邻居都可以帮忙。亲戚再是自己人，住得远，一时没法飞过来。是不是啊？ 375
顾：这倒是的。 376
陆：我们那时候住在古城区，一个大宅院里，住了十七八家人家，挤是挤了点儿，但是多热闹啊。 377
顾：我小时候家里也这样。我们家今天吃什么菜，人家都知道，人家家里来个什么客人，我们也都知道。 378
陆：大家多有照顾啊。我正做着菜没酱油了，煤炉上又离不开人，你也不用着急，邻居马上给你拿来了。 379
顾：真是方便。 380
陆：岁数大的人万一有点什么事，大家马上可以来帮忙，比叫救护车还快。 381
顾：这在现在的小区是不行的。防盗门一锁，完全跟外头隔绝。 382
陆：苏州的老房子都有天井，大家都可以在天井里会面，说说话。现在邻居们想会面也没地方啊。 383
顾：是的。你这么说，说明老房子倒也有老房子的好处。 384
陆：要不我们再搬回去吧？ 385

注释

乡邻：邻居。隔壁乡邻：隔壁邻居。

新公房：苏州居民刚刚开始住新式的大楼房时，习惯把它称作"新公房"，以跟旧式民居相区别。

再难：无论怎么……，相当于表让步的副词"再"。如：再难好匼勿再

好也不要。

自家人：自己人。

一个大门里：一个大宅院里，也说"一个门堂子里"。

十七八：segciābok，"七"跟"八"在一起，表示约数时发音特别：ciā。"七"单说是 cik，入声。

轧：gad，拥挤。

闹热：热闹。

有照应：相互有照顾。

马上：māsan。二字读音都特殊。通常"马"读 mô，"上"读 sǎng。

便当：biédang，方便，不困难。注意：跟日语的"便当"（盒饭）不同，但意思相关。

防盗门：bángdaomen，"防"读 báng，与"旁"同音。现在受普通话影响，年轻人也读 fáng 了。

天井：江南民居的重要组成部分。一个大宅子，通常有很多进，每进的中间都包括一个天井和一个客厅，两旁有厢房。天井四周为房屋包围，从天井抬头看天，如井的形状。

要末：要不，副词。课文最后一句是陆开玩笑的话。

转去：回去。

语法

常用特色量词

只：zak，一只猪、马、牛、狗、台子桌子、矮凳凳子、交椅椅子、床、茶壶、船、飞机、房间、缸、歌、镬子锅、学堂学校、钟、表手表、嘴

条：一条被头被子、单被被单、席、肥皂相连的两块

部：一部车子、汽车、脚踏车、机器、电影

块：一块手巾、绢头

粒：一粒豆、西瓜子、长生果肉花生米、米、糖水果糖、星

顶：一顶桥

爿：bé，一爿店、厂、医院

埭：dâ，一埭行字、走一埭走一趟、去一埭
谢：siâ，一谢雨。同音字。
主老：zỳ，一主房子。同音字。
幢：sâng，一幢房子。
记：动作量词，敲一记打一下。
转：zoè，动作量词，去过一转去过一回。

文化背景

苏州有很多深宅大院，粉墙黛瓦，深藏在古城的幽巷中，颇有特色。以前苏州的老居民大多住在这样的大宅院中。上世纪70年代后，苏州城区逐渐向古城西部发展，居民纷纷迁入各种"新村"，当时多称之为"新公房"。本世纪以来，苏州又有更大规模、更现代化的发展。本课文反映了苏州老居民在从旧民居向新民居搬迁过程中的矛盾心理。

练 习

1. 读出下列词语并解释。

新公房、乡邻、弗惯、听见歇过、再难、大门里、轧、闹热、匣是尚该、弗来事该、天井、闲话、无不场化、要末、搬转去

2. 给下列句子填上合适的量词。

（1）明朝有车展，我想买＿＿＿＿车子，㑚帮我去参谋参谋。——好葛，陪俚走一＿＿＿＿。

（2）穿过舺＿＿＿＿街，左手转弯，有＿＿＿＿超市，超市斜对过有＿＿＿＿四＿＿＿＿楼葛楼房，俚屋里勒浪三楼。

（3）我出门辰光太阳来得葛好,闸生头里一_____雨瓦得我汤汤渧。

（4）苏州乐园倷蹓去过？——我只去过一_____。

隔壁乡邻

第26课　方　言

课文

顾：大家侪讲倷苏州闲话好听,倷讲阿是?	386
陆：有句闲话叫"情愿听苏州人相骂,弗情愿听哪搭人讲闲话"。像煞周围各荡场化葛闲话侪要比倷硬,就是倷苏州闲话顶顶软勒顶顶糯。	387
顾：为啥道理呢?	388
陆：辩个蛮难讲。作兴搭倷苏州优越葛自然环境、深厚葛人文历史侪有点关系。其实从语言本身来讲是无所谓软勒硬葛。但是叫"爱屋及乌",苏州各方面条件侪好,就连搭闲话听起来匣入耳朵管则。	389
顾：但不过现在变得忒厉害。	390
陆：喔唷,覅去讲俚。现在苏州两个小青年讲葛闲话是,年纪大葛人听得侪横得头,一塌糊涂末好则啘。	391
顾：倷讲讲看,捺亨弗来事?	392
陆："小"末讲"晓","切西瓜"末搭"吃西瓜"分弗出,"讲闲话"末"梗闲话"。倷讲"搭倷一道去",小青年讲"浜倷一道去",听勒海实头哽哽叫葛。	393
顾：我还算讲得清爽葛。但不过别人家讲我葛闲话忒老气,有点像乡下人。	394
陆：还有弗少苏州老的讲法,现在年纪轻葛人侪弗晓得哉。连评弹匣听弗懂。	395
顾：倷匣弗好忒保守,语言终归是要发展葛。	396

陆：是葛。辫是自然现象，匼当然弗好怪年纪轻葛人，但是，苏州闲话作为一种文化葛载体，匼可以讲是非物质文化遗产，流失脱葛说话，还是可惜。 397

顾：辫末捺亨弄法呢？ 398

陆：所以倷要来教苏州闲话，弗但欢迎外地人学，苏州葛小青年匼用得着来学学。 399

顾：辫末我匼报个名，轧轧闹猛。 400

释文

顾：大家都说我们苏州话好听，你说是吗？ 386

陆：有句话说"宁愿听苏州人吵架，不愿听某地人说话"。好像周围各地的话都要比我们硬，就我们苏州话最软、最糯。 387

顾：为什么呢？ 388

陆：这很难说。可能跟我们苏州优越的自然环境、深厚的人文历史都有些关系。其实从语言本身说，无所谓软或硬。但是"爱屋及乌"，苏州各方面条件都好，就连方言听起来也入耳了。 389

顾：不过现在变得太厉害。 390

陆：唉，别说它了。现在苏州年轻人说的话，岁数大的人听了直摇头，简直不行。 391

顾：你说说，怎么不行？ 392

陆："小"说成"晓"，"切西瓜"跟"吃西瓜"分不清，"讲话"成了"梗话"。我说"跟你一道去"，年轻人说"浜你一道去"。听着实在不顺耳。 393

顾：我还算说得清楚的。但是人家说我的话太老，有点像乡下佬。 394

陆：还有不少苏州老的说法，现在年轻人都不知道了。连评弹也听不懂。 395

顾：你也不能太保守，语言总是要发展的。 396

陆：是。这是自然现象，我们当然不能怪罪年轻人，但是，苏州话作为一种文化载体，也可以说是非物质文化遗产，流失了的话，还

是可惜。　　　　　　　　　　　　　　　397
顾：那怎么办呢？　　　　　　　　　　　　　　　398
陆：所以我们要来教苏州话，不但欢迎外地人学，苏州的年轻人也有
　　必要来学学。　　　　　　　　　　　　　　　399
顾：那我也报个名，凑个热闹。　　　　　　　　　400

注　释

　　情愿：愿意、宁愿。
　　相骂：吵架。
　　各荡场化：各处。
　　糯：本义指糯米的软、黏，这里引申为形容语调的委婉、柔软。
　　作兴：可能。
　　连搭：即"连"。
　　入耳朵管：入耳。耳朵管，耳孔。
　　两个：这里的"两个"是虚数，即某几个，轻读。
　　小青年：年轻人。
　　横得头："得头"，点头。横向点头，就是摇头，略有幽默味。
　　一塌糊涂末好则啘：简直就是一塌糊涂。
　　"小"末讲"晓"：把"小"说成"晓"。老的苏州话是：小 siào≠晓 xiào。
　　"切西瓜"末搭"吃西瓜"分弗出："切西瓜"跟"吃西瓜"分不清。老的苏州话是：切 cik≠吃 qik。
　　"讲闲话"末"梗闲话"："讲闲话"说成"梗闲话"。老的苏州话是：讲 kàng≠梗 kàn。
　　浜倷一道去：本义是"帮倷一道去"，因"浜"、"帮"不分，听起来成了"浜倷一道去"。老的苏州话是：帮 bāng≠浜 bān。
　　哽哽叫：如骨鲠在喉，意即听着不顺耳。
　　……葛说话：即"……的话"。
　　捺亨弄法：怎么弄法，即怎么办。

语法

特殊的语气词 2

哩 nan，老的发音是 nian

"哩"用在祈使句中。如：

吃哩，勿客气哩吃啊，别客气啊！

快点走哩快点走啊！

倷勿实梗哩你别这么做呀！

这几句的"哩"都可以换成"吧"（"吧"的用法跟普通话大体相同），不同的是用"哩"有较明显的催促（用于肯定）或制止（用于否定）的口气。用"吧"的口气则平缓得多。

"哩"还可用在感叹句里。如：

作孽哩真可怜啊！

这是比较强烈的感叹。

练习

1. 练习下面易读错的字的读音。

小囡 siǎogoe、西山 sīse、细心 sīsin、谢谢 siáshia、相信 siānsin、前头 siédhou、详细 siânsi

七千 cikcié、喜鹊 xǐciak、漆器 cikqǐ、亲切 cīncik、姐姐 ziǎzia、香蕉 xiānziao、奖金 ziǎnjin

2. 用下列词语造句。

情愿——

作兴——

连搭——

入耳朵管——

一塌糊涂末好则啘——

捺亨弄法——

哪搭人

课文

顾：倷单位里最近招收仔一批刚刚毕业葛学生子，各荡场化葛侪有。 401

陆：倷苏州现在就是吸收天下人才末。侪是点啥地方呢？ 402

顾：苏南葛终归还是要多点。苏锡常各个市，习惯勒，闲话勒，侪搭苏州差弗多，但不过再过去到丹阳，讲葛闲话就听弗懂则。 403

陆：俚赛过辣吴语勒官话夹界辫场化，两横头辫人侪听弗懂俚笃葛闲话。 404

顾：现在年纪轻葛人，曼得弗是一个场化葛，就是听得懂匿互相弗讲自家葛闲话。 405

陆：我小辰光有一抢，苏锡常葛人登辣一道讲闲话会得讲上海闲话。上海闲话有点像沪宁线浪葛普通话则。 406

顾：倷现在弗，现在大家一律讲普通话。年纪轻葛苏州人侪弗会讲上海闲话。 407

陆：再远点场化葛人呢？ 408

顾：北方南方侪有。讲是侪讲普通话，有种匿讲得来得葛好，根本听弗出是哪面人。 409

陆：广东人讲闲话，哪怕是讲普通话，味道还是有点听得出。 410

顾：倷有辰光好白相，喊俚笃讲讲自家葛闲话，喔唷，真是一滴滴匿听弗懂。 411

陆：哪搭葛呢？ 412

顾：一个是温州人，一个是福建辫面葛。还有一个江西人，赣南葛，听起来匿是结葛罗多，一句匿听弗懂。 413

陆：倒覅蛮有劲葛,下趟有机会,我来学学看。　　　　　　　414
顾：我来搭倷寻两个老师,看倷阿学得会。　　　　　　　　415

释文

顾：我们单位最近招收了一批刚毕业的学生,各个地方的都有。　401
陆：我们苏州现在就是吸收天下人才。都是哪儿的呢?　　　402
顾：苏南的总要多一点。苏锡常各个市,习惯啊,说话啊,都跟苏州
　　差不多,但是再过去到丹阳,说的话就完全听不懂了。　　403
陆：它就在吴语跟官话的交界处,两头的人都听不懂他们的话。　404
顾：现在的年轻人,只要不是一个地方的,就是听得懂互相也不说自
　　己的方言。　　　　　　　　　　　　　　　　　　　　405
陆：我小时候有一阵,苏锡常的人在一块儿说话会说上海话。上海
　　话有点像沪宁线上的普通话。　　　　　　　　　　　　406
顾：我们现在不,现在大家一律说普通话。苏州的年轻人都不会说
　　上海话。　　　　　　　　　　　　　　　　　　　　　407
陆：再远点地方的人呢?　　　　　　　　　　　　　　　　408
顾：北方南方都有。都说普通话,有的人说得好得很,根本听不出是
　　哪儿人。　　　　　　　　　　　　　　　　　　　　　409
陆：广东人说话,哪怕说普通话,味儿还是有一点听得出。　　410
顾：我们有时候好玩儿,叫他们说说自己的方言,唉,真是一点儿也
　　听不懂。　　　　　　　　　　　　　　　　　　　　　411
陆：哪儿的呢?　　　　　　　　　　　　　　　　　　　　412
顾：一个是温州人,一个是福建那边的。还有一个江西人,赣南的,
　　听起来也是叽里呱啦,一句也听不懂。　　　　　　　　413
陆：倒挺有意思,下次有机会,我来学学。　　　　　　　　414
顾：我来给你找两个老师,看你学得会不。　　　　　　　　415

注释

哪搭人：哪儿人,年轻人说"哪面人"。

学生子：学生。

差弗多：差不多，也可说"差仿弗多"。苏州话"差"、"错"同音：cō，常常混淆。

夹界：交界。

登：呆（在某处）。

结葛罗多：形容纠缠不清，这里是形容一头雾水。

老师：lāosii，注意"老"读阴平。

语 法

介词 2

拨 bek

相当于"给"，包括做动词的"给"和介词的"给"。如：

拨俚一本书。

茶杯拨俚打脱则_{茶杯给他打破了。}

拿 nó

大体相当于"把"

拿台子揩揩清爽_{把桌子擦干净了。}

拿俚当亲生儿子_{把他当亲生儿子。}

练 习

1. 读出下列词语并解释。

学生子、各荡场化葛侪有、终归、差弗多、哪搭人、哪面人、夹界、登、结葛罗多

2. 用苏州话回答下列问题。

（1）倷是哪搭人？

（2）倷作啥要学苏州话佳？

（3）倷现在学得掭亨？觉着阿难佳？

（4）只要有长心，倷一定学得会葛。倷阿有信心？

苏州××公司招聘现场

第28课 买小菜（下）

课文

顾：倷晓得我为啥弗到小菜场去买菜？ 416
陆：为啥呢？ 417
顾：我弗会看秤。 418
陆：阿要我教教倷？ 419
顾：蛮好哇。 420
陆：秤葛头浪制仔两根绳，顶头浪葛一根是头纽，第二根是二纽。称分量重葛拎头纽，称分量轻葛拎二纽。 421
顾：捺亨看分量呢？ 422
陆：秤梗浪有两排星，一排是头纽用葛，一排是二纽用葛。星越大表示葛分量单位越大。倷自家仔细看看就看出来则。 423
顾：伲买菜葛人终归要鲜点，捺亨鲜法？ 424
陆：拿秤砣绳望秤头浪推，秤梢就要翘起来，分量就会轻点，辫叫"鲜"。 425
顾：喔，我晓得哉。 426
陆：但是倷要当心卖菜葛人会得做手脚，看勒海秤梢翘得打匣打弗牢，其实是假葛，俚葛手勒海揿。 427
顾：喔唷，辫是弗来葛。 428
陆：所以讲要淘汰辫种老式秤，要用戥盘秤。 429
顾：还有讨价还价，我匣弗来事。 430
陆：哀个末倷要慢慢叫学。苏州人杀半价，别人家讨三块，倷要还俚一块半。 431

顾：别人家肯嘎？	432
陆：辫末倷就弗好怕麻烦则。倷要装得茄搭搭,弗稀奇俚葛物事,嘴里讲"夥",要走,辫末俚就会喊"来哩,来哩",价钿就会得跌下来。	433
顾：辫是赛过心理战。	434
陆：就是心理战哦。	435
顾：倒匣蛮有劲葛。我下趟来试试看。	436

释 文

顾：你知道我为什么不去菜场买菜？	416
陆：为什么呢？	417
顾：我不会看秤。	418
陆：要我教你吗？	419
顾：好啊。	420
陆：秤的头上安了两根绳子,顶头的一根是头纽,第二根是二纽。称分量重的提头纽,称分量轻的提二纽。	421
顾：怎么看分量呢？	422
陆：秤杆上有两排星,一排头纽用,一排二纽用。星越大表示的分量单位越大。你自己仔细看就看懂了。	423
顾：我们买菜的人总要鲜一点,怎么才叫鲜？	424
陆：把秤砣绳往秤头上移,秤尾就会翘起来,分量显示就会轻点儿,这叫"鲜"。	425
顾：喔,我知道了。	426
陆：但是你要当心卖菜的人会做手脚,看着秤尾翘得打不住,其实是假的,他的手在往下按。	427
顾：啊,这是不行的。	428
陆：所以说要淘汰这种老式的杆秤,要用盘秤。	429
顾：还有讨价还价,我也不行。	430
陆：这个你要慢慢儿学。苏州人杀半价,人家出价三块,你还价一块	

五。　　　　　　　　　　　　　　　　　　431
顾：人家能愿意吗？　　　　　　　　　　　　　　　432
陆：你就不能怕麻烦了。你要装得没兴趣，不稀罕他的东西，嘴里说
　　"不要"，要走，那样他就会喊"来啊,来啊"，价钱就会掉下来。　433
顾：这就像是心理战。　　　　　　　　　　　　　　434
陆：就是心理战。　　　　　　　　　　　　　　　　435
顾：倒也有意思。下回我来试试。　　　　　　　　　436

注　释

　　秤：cěn，名词，指杆秤。后面的"称"cēn 是动词。

　　制：zỳ，安装的安。

　　头纽：dóuniu。

　　二纽：níniu。

　　拎：提。有俗语"拎错秤纽绳"，指认错对象、说错话。就因为有两个秤纽绳，弄错了就称不出正确重量了。

　　鲜：siē，这是同音字。

　　揿：qǐn，用手按。

　　戤盘秤：盘秤。

　　一块半：苏州习惯将一元五角说成"一块半"。但单说五角一般不说"半块"。

　　茄搭搭："茄"gá，对某东西或事情没有兴趣，也说"茄门相"。"茄搭搭"是其生动形式。"茄"是不完全同音的同音字。

　　赛过：就像。"赛过"还可以是口头禅，见第二十九课。

扩展词语

　　摆摊头：摆摊儿。

　　拆蚀：cakseg，吃亏。

　　蚀本：segbèn，亏本。

　　欠：不说"该"。

杀价：压价。

打烊：dàn yân，关门暂停营业。

零碎铜钿：零钱。也可说"零碎"。

侧倒：zekdào，剩下的全部买了，包圆儿。注意"侧"的发音。

赚铜钿：赚钱。

吃赔账：承担赔偿责任。

利钿：利息。

趸当：děndâng，整批地（买卖）。

找：找（钱）。"寻找"，苏州话说"寻"不说"找"，指物时，说□kēn，贬义。

洋钿：yándie，原义是"洋钱"，现在泛指钱。但跟"铜钿"不同，一般不单用，只用在具体钱数之后，如"一块洋钿"、"一角洋钿"。说快了，发音变成 ándie。

一只羊：一元钱，略有戏谑义。"羊"来自"洋钿"的"洋"谐音。多少元钱就可说多少只羊。

一角：一角（钱），也可说"一角洋钿"。

角子：硬币。

工钿：工钱。

本钿：本钱。

语 法

功能强大的"好"

苏州话爱说"好"，"好"的使用范围比普通话广。除了它的基本意思，形容词"好坏"的"好"以外，还可以有以下功能：

（1）单独使用，表示接受对方的意见，就像英语的 Yes。如：

请你帮我写封信。——好葛。

（2）笼统地指情况良好或已完成。如：

病好哉、天好哉天晴了、饭好哉、我好哉我的事情完成了/准备工作完成了。

（3）用作助动词，表示"许可"、"可以"。如：

我阿好去？——好去葛我可以去吗？——可以去。
四点钟哉，好走哉四点了，可以走了。
或者表示"容易（做）"。如：
哀支笔蛮好写葛这支笔挺好写的。

练 习

1. 读出下列词语并解释。
制、顶头浪、秤梗浪、头纽、拎、揿、戤盘秤、慢慢叫、一块半、茄搭搭、赛过

2. 掌握苏州话里的"好"字的使用，仿照例句各造两句。
（1）请倷帮我写封信。——好葛。

（2）病好哉。|天好哉。|饭烧好哉。

（3）我阿好去？好去葛。|好走哉。

（4）哀支笔蛮好写葛。

第29课 修泥

课文

顾：我晓得倷蛮□jiá 葛。屋里向要修修弄弄倷侪来三葛，阿是？		437
陆：唉，我生天欢喜自家瞎摸摸。屋里各种工具侪全葛。		438
顾：啥个工具呢？		439
陆：老虎钳，辫是顶要紧，还有捻凿、榔头。		440
顾：哀个几样伲匣有葛，屋里敲敲钉钉终归要骨。		441
陆：我还有斧头、锯子、洋钉勒啥匣侪有。		442
顾：辫是倷好做木匠则。		443
陆：是骨。做只小矮凳勒啥，完全无不问题。		444
顾：倷昨日亦辣屋里修啥？		445
陆：我葛脚踏车钢丝断脱则，我买两根钢丝自家修好则。		446
顾：好省脱两钿。		447
陆：弗是真葛要省铜钿。现在外头修脚踏车葛少，求人弗如求己。		448
顾：辫末要有辫点本事葛哇。		449
陆：我还会捉漏勒。		450
顾：真嘎？		451
陆：伲是住辣顶楼。旧年起台风，屋顶浪有点水印下来。		452
顾：辫末寻泥水匠哇。		453
陆：我弗高兴喊人，自家弄好则。到隔壁工地浪去讨点水泥、寻两块瓦爿，掮仔只梯，爬上去补。		454
顾：麛弄好佳？		455
陆：弄仔两个多钟头，好则哇。		456

顾：喔唷，倷本事实头大葛。下趟倪屋里漏仔，曼得请倷好哉。 457
陆：无不问题，包辣我身浪。 458

释文

顾：我知道你挺能干。家里修理个什么你都行,是吗? 437
陆：是,我天性喜欢自己瞎拾掇。家里各种工具都全的。 438
顾：什么工具呢? 439
陆：钳子,这是最重要的,还有改锥、锤子。 440
顾：这几件我们也有,家里修修补补总要有。 441
陆：我还有斧子、锯子,钉子什么的也都有。 442
顾：你可以做木匠了。 443
陆：是啊。做个小板凳完全没问题。 444
顾：你昨天又在家里修什么了? 445
陆：我的自行车的钢丝断了,我买两根钢丝自己修好了。 446
顾：可以省几个钱。 447
陆：不是为省钱。现在外面修自行车的少,求人不如求己。 448
顾：那还是要有这能耐才行啊。 449
陆：我还会补屋漏呢? 450
顾：是吗? 451
陆：我们住在顶楼。去年刮台风,屋顶有点渗水。 452
顾：去找个泥瓦工啊。 453
陆：我不愿意,自己弄就行。到隔壁工地上要点水泥、找两块瓦,扛一张梯子,爬上去补。 454
顾：修好了吗? 455
陆：弄了两个多钟头,行了。 456
顾：你本事真大。下次我们家屋漏,只要请你就可以了。 457
陆：没问题,包在我身上。 458

注释

修泥：① 修理。本课文是此义；② 收拾。如：房间龌龊则,要修泥

修浞。

老虎钳：钢丝钳。

捻凿：niěsog，改锥。

榔头：锤子。

斧头：斧子。

锯子：gēzii，"锯"白读。

洋钉：钉子。

小矮凳；小板凳。

捉漏：这是专门说法，指修补房顶漏水。

印：yǐn，渗透。

泥水匠：泥瓦匠。

弗高兴：这里指"不愿意"。苏州很少用"愿意"这个词。

掮：jié，扛。

梯：活动的梯子。固定的楼梯叫"胡梯"。

扩展词语

家庭用具

超：cāo，调羹。同音字。

镬子：ogziì，锅，多指铁锅。

镬干盖：oggoège，锅盖。也叫"镬干"oggoè。

铲刀：锅铲。

瓨：bân，坛子。

瓶：瓶子。

罐头：陶罐。不是"罐头食品"的"罐头"。

篮：篮子。

吊子：水壶。

切菜刀：菜刀。

砧墩板：zēndenbe，砧板。

面盆：脸盆。更老的叫"面桶"miédong。

肥皂：bíshao，"肥"白读。另有文读 fí。
盖头：（器皿的）盖儿。
热水瓶：保温瓶。
木梳：mogsiì，梳子。"梳"白读，另有文读 sū。
延线：yêsie，缝衣针。
剪刀：剪子。
扫帚：家中扫地用的工具。
畚箕：fēnji，家中装垃圾用的工具。
轮盘：轮子。

语 法

感叹词

拿：nó，提示对方某事物就在某处。如："拿，就辣前头啘。""拿"是同音字。
唉：é，表示"是这样"。如："唉，我就不去。"
喔：ò，表示终于清楚了。如："喔，是实梗嘎！"
咦：yé，表示奇怪。如："咦，人呢？"
喔唷：óyo，表示轻度的感叹。
舜末：gegmeg，那么，实际上常成为口头禅。如："舜末我明朝弗来则。"
恼末：náomeg，发语词，表示接着往下说。如："恼末俚到仔上海 然后他到了上海│恼末好这下可好（反话）！"
赛过：sěgu，在叙述事情一时说不出时常说。如："我昨日……赛过……有点……"

练 习

1. 读出下列词语并解释。

修泥、蛮□jiá葛、老虎钳、捻凿、榔头、斧头、锯子、洋钉、小矮凳、省脱两钿、捉漏、印、泥水匠、弗高兴、捐、梯

2. 将下列句子译成苏州话。

(1) 我女儿只会用调羹吃饭。

(2) 她的儿子能干得很,奶奶要切菜,他就赶紧去拿砧板。

(3) 你的本事真大,自行车出毛病,自己会修。

第30课　年纪

课文

陆：倷笃爷阿有几岁则？ 459

顾：今年齐巧六十。 460

陆：喔，看弗出，看弗出。看勒海像三五十岁。 461

顾：拨倷匣讲得忒轻则。但不过俚是匣有点嫩相。 462

陆：生天踠。头发墨腾出黑，走起路来，我匣有点跟弗上。 463

顾：伲苏州人讲虚岁葛，实际只有五十九足岁，现在还勒海做勒。 464

陆：倷笃兄弟呢？ 465

顾：伲兄弟廿五岁。 466

陆：俚倒看勒海有点老气，像煞蛮成熟哉。 467

顾：俚末要装得老茄茄葛样子，其实末一样匣弗懂勒海。 468

陆：倷匣夠忒看弗起别人家。 469

顾：倷讲一个人欢喜别人家看自家看得年纪大点还是小点？ 470

陆：老底子辫人佾欢喜充老茄，自称穷爷。 471

顾：是该。我小辰光隔壁头一个乡邻，五十岁出头点，终归要我喊俚"阿爹"。 472

陆：倷现在试试看，再喊别人家阿爹就弗领情哉。 473

顾：唉，倷讲得倒有点道理葛拿。别人家小朋友喊我，我匣情愿俚喊"大姐姐"，弗大欢喜俚喊我"阿姨"。 474

陆：阿是？阿是？照从前葛标准，辈分喊得小末吃亏则踠。 475

顾：伲现在弗在乎此。 476

陆：一个是观念变化，其实搭伲现在人葛健康水平提高匣有关系。

辨辰光葛人看勒海是要老颜得多。我脑子里，伲爷是老得弗得了，吼腰曲背。其实辨歇辰光俚匣不过五十多点。 477

顾：现在是，有种七八十岁匣神气得弗得了勒海。 478

陆：现在葛人起码好□ngad 脱十岁。 479

顾：蛮好晼。 480

释文

陆：你爸爸多大岁数了？ 459

顾：今年正好六十。 460

陆：啊，看不出，看不出。看着像三五十岁。 461

顾：给你说得太年轻了。不过他是有点少相。 462

陆：当然了。乌黑的头发，走起路来，我都有点跟不上。 463

顾：我们苏州人按虚岁算，实际只有五十九周岁，现在还在干呢。 464

陆：你弟弟呢？ 465

顾：我弟弟二十五岁。 466

陆：他看着倒有点老气，好像很成熟了。 467

顾：他是装老练，其实一样都不懂。 468

陆：你也别太瞧不起人家。 469

顾：你说一个人喜欢人家看自己看得年龄大还是年轻？ 470

陆：以前的人都喜欢充老，自称老子。 471

顾：是的。我小时候隔壁一个邻居，五十岁刚过，总要我喊他"爷爷"。 472

陆：你现在试试，再这么喊，人家就不领情了。 473

顾：是，你说的倒有些道理。人家小朋友喊我，我就宁愿他喊"大姐姐"，不太喜欢喊我"阿姨"。 474

陆：是不是？是不是？按以前的标准，辈分喊小了就吃亏了。 475

顾：我们现在无所谓。 476

陆：一个是观念变化，其实跟现在人的健康水平提高也有关系。以前的人看着是要老相得多。我脑子里，我爸爸是很老很老了，弯

腰曲背,其实那时候他也不过五十多岁。　　　　　　477
顾:现在是,有的七八十岁还神气着呢。　　　　　　478
陆:现在的人最少可以扣除十岁。　　　　　　　　　479
顾:好啊。　　　　　　　　　　　　　　　　　　　480

注 释

三五十岁:sāngsekse,"三"在这里发音特别。正常的发音是sē。
嫩相:看着年轻,少相。
墨腾出黑:megdhèncekhek,形容很黑。
兄弟:背称,即弟弟。
老茄茄:láogaga,在年龄、资格上装得老练的样子。
老底子:原先。
老茄:láoga,意思同"老茄茄"。
穷爷:常用于自称,类似"老子"。较粗俗的说法。
弗在乎此:不在乎。
老颜:láo'nge,看着显得老。
吼腰曲背:弯腰驼背。"吼","弯腰"的"弯",同音字。
□:ngad,减少。

语 法

后置连词

佬 lao

放在一对复句的前一分句末,表示原因,有点像"因为",但位置不同。如:

昨日夜里落雨佬,我朆去 昨天夜里因为下雨,我没去。

勒 leg

"勒"的用法很多。可以先分成两类:一类是在句子中间;一类是在句末。读音都一样。

1. 居中的"勒"是连词,又能分出几种。

(1) 放在两个动作中间,表示两个动作的连贯性。这又有三种情况。

a. 两个动作一先一后。如：

坐仔勒吃_{坐下了吃}。

吃仔勒走_{吃了(再)走}。

b. 同时进行。如：

一面笑勒一面讲_{边笑边说}。

c. 二者选择一个。如：

随便倷去勒弗去_{随便你去不去}。

吃饭勒吃面侪一样葛_{吃米饭吃面条都一样}。

(2) 放在几个名词中,表示事物列举。如：

烟勒,茶勒,酒勒,一样样葛招待俚_{烟啊,茶啊,酒啊,一样样地招待他}

2. 句末"勒"是语气词。它只用在下列三类句子中。

(1) 带"阿、朆"的疑问句。

(2) 带"弗、朆"的否定句。如：

朆吃勒？朆吃勒_{吃了吗？没吃呢}。

阿要吃勒？弗吃勒_{要吃了吗？不吃呢}。

(3) 带"还、正匡"的陈述句中。如：

还好勒_{还行/还可以}。

我正匡弗去勒_{我才不去呢}。

文化背景

苏州话习惯,问对方年龄没有老、少的区别,不管多大岁数,全都问"几岁"。

苏州人论岁数,还习惯说虚岁,即一出生就是一岁,除夕出生的孩子,第二天就是两岁。

练 习

1. 读出下列词并解释。

嫩相、墨腾出黑、老茄茄、老底子、穷爷、隔壁头、弗在乎此、老颜、吼

腰曲背

2. 用"嫩相""墨腾出黑""老茄或老茄茄""弗在乎此""吼腰曲背"造句。

3. 用"勒"的不同用法造句。
(1)"勒"放在两个动作一先一后的中间。

(2)"勒"放在两个动作同时进行的中间。

(3)"勒"放在两者选择一个的中间。

(4)"勒"放在几个并列名词后,表示事物列举。

(5)"勒"放在句末,表示语气词。

第31课 到学堂

课 文

陆：倷笃囝儿今年读几年级则？ 481
顾：三年级。喔唷，吃力得来，日朝要搭俚烦。 482
陆：烦点啥？ 483
顾：电视《山海经》葛《苏州话童谣》讲得蛮对。叫"大清老早，掼只书包。七点钟出门，倷最勤劳"。 484
陆：阿有啥人送呢？ 485
顾：有辰光是我送，我来弗其葛说话，倪娘送。 486
陆：书包末"分量蛮重"。阿要倷笃搭俚背？ 487
顾：是骨。想想我小辰光，侪是自家到学堂嗰。 488
陆：但是葛辰光路浪哪搭有爷场多车子？像我小辰光是，路浪人匡无不几化。我背仔个书包，一面走，还好一面看书勒。 489
顾：辫是匡弗大安全葛。 490
陆：所以匡弗好怪现在葛小人。 491
顾：倷去看学堂门口头，汽车、电动车、脚踏车轧满，人走匡走弗进。 492
陆：放夜学呢？ 493
顾：一定要去接唲，匡是轧得弗得了。 494
陆：转去就要做作业，电视弗许看。 495
顾：现在作业已经好点哉。但不过现在家长侪弗敢放松啊。"弗能输辣起跑线浪"，大家侪尚讲葛。 496
陆：真叫无不办法。作业阿要辅导呢？ 497
顾：倪囝儿成绩还算好勒，但不过终归还是要看看。我自家事体匡

	蛮多,只好等俚困仔再做。	498
陆:	阿要几点钟困觉呢?	499
顾:	规定九点钟。烦杀,日朝要搭俚讨价还价。俚顶好再拨俚看歇电视,能够白相点游戏是更加好则。	500
陆:	所以小人要问:"为啥大人,比伲逍遥?"	501
顾:	响弗落。	502
陆:	现代社会竞争激烈,让俚笃从小培养起来匣好葛。	503
顾:	只好实梗想则。	504

释文

陆:	你的女儿今年念几年级了?	481
顾:	三年级。唉,真费劲,天天要跟她啰嗦。	482
陆:	啰嗦什么?	483
顾:	电视《山海经》的《苏州话童谣》说得很对:"大清早背个书包。七点钟出门,我最勤劳。"	484
陆:	有谁送呢?	485
顾:	有时是我送,我来不及的话,我妈送。	486
陆:	书包呢,"分量很重"。要不要给她背?	487
顾:	是啊。想起我小时候,都是自己到学校。	488
陆:	但是那时候路上哪儿有那么多车?像我小时候,路上人都没有多少。我背个书包,一边走,一边还可以看书呢。	489
顾:	那还是不太安全。	490
陆:	所以不能怪现在的孩子。	491
顾:	你去看学校门口,汽车、电动车、自行车挤满,人都走不进去。	492
陆:	下午放学呢?	493
顾:	一定要去接,也是挤得不行。	494
陆:	回去就要做作业,电视不准看。	495
顾:	现在作业已经不很多了。但是现在家长都不敢放松啊。"不能输在起跑线上",大家都这么说的。	496

陆：真是没办法。作业要辅导吗？ 497
顾：我女儿成绩还算可以，但总还是要看一下。我自己事情也挺多，
　　只能等她睡了再做。 498
陆：几点钟睡觉呢？ 499
顾：规定九点钟。烦死人，天天要跟她讨价还价。她最好再让她看
　　会儿电视，能够玩一会儿游戏就更好了。 500
陆：所以小孩要问："为什么大人比我们逍遥？" 501
顾：没话可说。 502
陆：现代社会竞争激烈，让他们从小培养着也好。 503
顾：只能这么想了。 504

注 释

到学堂：dāo'okdhang，指每天的上学。学堂，学校。

烦：动词，苏州口语常用，指跟人纠缠、啰嗦。

掼：guê，本义是"扔"，在这里是指"背（在背上）"。

小人：孩子，可用于对子女的统称。较老的叫"小囝"siǎogoe，"小囝儿"siǎogoe'ng。最后一个字与"五"的白读同音，是"儿"的白读。

困觉：kūn'gao，睡觉。

语 法

特殊的语气词3

笃 do

"笃"的使用范围很窄，并且不易体味其含义。如：
有好几十万笃有好几十万哪！
倷倒会白相笃你倒真会玩儿花样啊！
我们体会是表示程度很高，并引起说话者的惊讶。

喏 no

"喏"表达的感情内涵较丰富，也很强烈。如：
倷再试试看喏你还敢来试试？

我下趟再帮倷忙嗒 你看我下次还帮不帮你忙？

上面两句本身都有假设的意思，因此都应有后续句。但实际上多不说出。前句是警告对方，"如果再敢试探，我就要……"；后句是赌咒，"如果再帮忙，我就不是人"等等。

得勒 dekleq

"得勒"表示所说的情况程度比较高。"三个得勒"表示说话人觉得三个就已不少。"吃力得勒"表示很吃力，即很累。有时"得勒"可以说成"得啦"dekla，语气就更强。

啊 a

"啊"可以用在一般疑问句和特指疑问句后。它的功能是减缓语气。如：

1) 俚是学生子 他是学生——俚是学生子啊 他是学生啊？

2) 啥人去 谁去？——啥人去啊 谁去啊？

例1) 陈述句加"啊"后成了一般疑问句，可见"啊"还有传疑的功能，这一点在疑问句中再讨论。

北京话也有此用法，但苏州话使用频率更高些，尤其是用"啊"表示一般疑问句，比较常见。如：

"阿是啊？"说得快时，"是啊"可以合音成"绍"：atshào。

练 习

1. 读出下列词语并解释。

到学堂、日朝、烦点啥、掼只书包、来弗其、葛辰光、孬场多、小人、放夜学、困觉

2. 将下列句子译成苏州话。

（1）现在的小孩子学习真辛苦，我看着都很累。

（2）做老师也不容易。对学生不能管得太松，又不能管得太严，真的

很难。

(3) 是啊,跟我们做学生的时候比,现在做什么事都不一样了。

(4) 现在当爷爷奶奶的也都很忙,早晨送了孙子送外孙,下午还要一个个地去接。

第32课　名　胜

课文

陆：倪苏州弗但园林有名气,名胜匣弗少。　　　　　　　　　505
顾：倷再讲讲看。　　　　　　　　　　　　　　　　　　　506
陆：名气顶响葛就是虎丘。　　　　　　　　　　　　　　　507
顾：我想想虎丘真葛蛮有劲葛。就尚一滴滴高葛山,花头多得弗得了。　　　　　　　　　　　　　　　　　　　　　　　508
陆：是骨。第一是山顶浪有座塔,上千年则,来得葛斜,弗会得倒葛。　509
顾：地底下呢有个吴王阖闾葛墓。神秘得弗得了,到现在匣弗敢开出来,弗晓得里向有几化秘密,大家只好瞎猜。　　　　　510
陆：虎丘是简直走一步就有只故事。走进山门就是断梁殿,穿过山门,山路两面末,憨憨泉、试剑石、真娘墓,再上去是千人石……喊导游讲起来是有得讲勒。　　　　　　　　　　　　511
顾：还有个仙人洞,说是好通到四川峨眉山,捺享会呢？但不过听起来就有劲,弗晓得啥人想出来辫场几化名堂。　　　　512
陆：点头石、二仙亭……五十三参上面还有唐伯虎三笑故事,喔唷,讲匣讲弗完。再讲别个吧。　　　　　　　　　　　513
顾：庙末有寒山寺、西园寺。　　　　　　　　　　　　　514
陆：倷覅看辫两只庙规模弗见得大,名气亦是响葛。"枫桥夜泊"辫首诗啥人弗晓得？西园寺里葛罗汉塑得几化好？还有玄妙观勒,里向葛故事匣弗少。　　　　　　　　　　　　515
顾：山末有灵岩山、天平山。　　　　　　　　　　　　516
陆：侪有传说葛。灵岩山浪有西施葛古迹,天平山有范仲淹葛古迹。517

顾：塔勒桥呢？	518
陆：塔末倷苏州叫"七塔八幢九馒头"。北寺塔、瑞光塔、双塔……	519
顾：桥是更加多得讲弗完则。	520
陆：顶顶稀奇葛是宝带桥，天下少有葛。	521
顾：还有盘门水城门，还有……	522
陆：喔唷，来弗其讲则，我要去烧夜饭则，下埭再讲吧。	523

释文

陆：我们苏州不但园林有名气，名胜也不少。	505
顾：你再说说。	506
陆：名气最大的就是虎丘。	507
顾：我想到虎丘真的很有意思。就这么一点儿高的山丘，内容还特别丰富。	508
陆：是啊。第一是山顶上有座塔，上千年了，斜得很，还不会倒。	509
顾：地底下呢有个吴王阖闾墓。神秘得很。到现在也不敢挖开，不知道里头有多少秘密，大家只能瞎猜。	510
陆：虎丘简直是走一步就有个故事。走进山门就是断梁殿，穿过山门，山路两边，憨憨泉、试剑石、真娘墓，再上去是千人石……让导游讲起来是内容丰富着呢。	511
顾：还有个仙人洞，说是可以通到四川峨眉山，怎么可能呢？但是听着就有趣。不知道谁想出这么多花样。	512
陆：点头石、二仙亭……五十三参上面还有唐伯虎三笑故事，咳，说也说不完。再说别的吧。	513
顾：说到庙，有寒山寺、西园寺。	514
陆：你看这两座庙规模并不大，名气也大得很。"枫桥夜泊"这首诗谁不知道？西园寺的罗汉塑得多好？还有玄妙观呢，里边的故事也不少。	515
顾：山呢，有灵岩山、天平山。	516
陆：都有传说。灵岩山上有西施的古迹，天平山有范仲淹的古迹。	517

顾：塔和桥呢？ 518
陆：塔呢，我们苏州有"七塔八幢九馒头"的说法。北寺塔、瑞光塔、
双塔…… 519
顾：桥更加多得说不完了。 520
陆：最稀罕的是宝带桥，天下少有。 521
顾：还有盘门水城门，还有…… 522
陆：啊！来不及了，我要去做晚饭了，下次再说吧。 523

注 释

名胜：mìnsen，"名"在这里不读阳平 mín。

阁闾：eglì，注意，老苏州话没有普通话 lü 这个音，现在年轻人有发这个音的，是受普通话的影响。

神秘：sênbi，老苏州话"秘"读 b 声母，请注意，"秘"的声旁"必"就是 b 声母。

秘密：bǐmik。

憨憨泉：gánggangshie，"憨"本应读 hoē，"憨"的意思在苏州叫 gâng，应是"戆"，苏州人把"憨"当成"戆"了。

点头石：diēdousag，"点"单独读 diè，上声，"点头"的"点"读阴平。

二仙亭：érsiedhin，这里的"二"文读。

五十三参：wūsegsecoe，"五"在这里读文读 wū，"五"的白读是 ňg。"参"是"参拜"的意思。实际指五十三个石级，上有观音庙，每跨一个石级拜一次观音。唐伯虎三笑故事中的第一笑即发生在这座庙里。

枫桥夜泊：fōngjiao yěpek，"夜"在这里读文读，口语中白读 yǎ，"泊"不读 b 声母。

范仲淹：féshongye，注意，"仲"与"重"同音，不读 z 声母。

七塔八幢九馒头："塔、幢、馒头"都是佛教的相关建筑。"幢"读 sâng。

宝带桥：bǎdajiao，老的苏州话把"宝"读成与"摆"同音。

语音

发音特别的地名

老的地名中的字往往有特别的发音,跟通常的发音不同。这个现象全国各地都有。苏州作为一个古城,这样的现象特别多,形成这种现象的原因是各种各样的,有的可以解释,有的因年代久远,难以解释。

除了本课文提到的以外,下面再举一些例子,其中有些地名听起来像另外一个意思。

唯亭,按字面应读 vídin,实际读 yídin,听着像"义亭"。

胥口,按字面应读 sīkou,实际读 sȳkou,听着像"书口"。

蔚门,按字面应读 fōngmen,实际读 fūmen,听着像"夫门"。

带城桥,按字面应读 dāsenjhiao,实际读 tēsenjhiao,听着像"担任桥"。

黄鹂坊桥,按字面应读 wánglifangjhiao,实际读 wángnifangjhiao,听着像"黄泥坊桥"。

临顿路,按字面应读 líndenlu,实际读 léndenlu,听着像"伦敦路"。

南浩街,按字面应读 noé'aoga,实际读 noé'ngaoga,听着像"南傲街"。"浩"本是"濠"字。

干将坊,按字面应读 goēzianfang,实际读 goēziaofang,听着像"干焦坊"。现在的"干将路"就来自"干将坊"。

吴趋坊,按字面应读 ng'cifang,实际读 ng'cyfang,听着像"鱼翅坊"。

养育巷,按字面应读 yányok'ang,实际读 yánniok'ang,听着像"羊肉巷"。

因果巷,按字面应读 yīngu'ang,实际读 āngu'ang,听着像"鹦哥巷"。

乔司空巷,按字面应读 jiáosiikong'ang,实际读 jiáosiigu'ang,听着像"乔师姑巷"。

马大箓巷,按字面应读 módalok'ang,实际读 módaddhou'ang,听

着像"马踏头巷"。

游马坡巷,按字面应读 yóumopu'ang,实际读 yóumekbu'ang,听着像"油抹布巷"。

马医科,按字面应读 móyiku,实际读 mómiku,听着像"蚂米蚂蚁窠"。

文化背景

苏州的名胜古迹也特别丰富,课文中只说到最有名的,其实还有很多。

苏州西郊有一些小山,应是长江下游平原成陆前的海上小岛,除课文中所讲述的两座外,还有洞庭东山(深入太湖的半岛)、洞庭西山(太湖中的岛)、邓尉山、上方山、穹窿山、天池山、狮子山、七子山等。

玄妙观是道观。其他寺庙有:东郊角直镇的保圣寺、东山的紫金庵、瑞光塔所在的开元寺等。

苏州是水城,城内河道纵横,所以桥特别多,多达几百座,难以精确计数。除最特殊的长达三百多米、有五十三孔的宝带桥外,其他较著名的如:枫桥、万年桥、觅渡桥、吴门桥、行春桥、皋桥、桐桥等。

练 习

1. 读出下列词语,特别注意发音。

阊闾、神秘、憨憨泉、点头石、二仙亭、五十三参、枫桥夜泊、范仲淹、七塔八幢九馒头、宝带桥

2. 将下列苏州话、普通话混杂的句子改写成纯苏州话。

(1) 倷今朝早上到哪里去白相了?

(2) 辫两天我好像有点弗大舒服,可能是感冒则。

（3）我上半日去菜场买菜,想买点茼蒿菜,但是朆买到。

（4）倷哪亨说稭种话？听得人家有点不舒服,下次说话要客气些。

古街小镇

第33课 身份

课文

陆：昨日来葛几个人有葛年纪大、有葛年纪轻,我弄弗清爽倷是啥等
样人呀? 524
顾：唉,是各种各样倷有勒海。 525
陆：有两个着得蛮神气葛是作啥葛? 526
顾：做生意葛,老板。 527
陆：两个打扮得蛮结棍葛女葛有点像老板娘。 528
顾：是葛。但不过倷覅看别人家着得吃假,吃苦是倷蛮肯吃苦葛。 529
陆：有两个年纪稍为大点的女葛,看勒海匣蛮杀辣,蛮□jiá葛。 530
顾：倷是做钟点工葛。 531
陆：倷讲起仔钟点工,其实伲苏州老早就有钟点工则,还有个讲法勒。 532
顾：喔?叫啥? 533
陆：走做。 534
顾：阿有啥意思? 535
陆：走来走去做。日里来做,做好仔转去,住辣自家屋里,明朝再来。
倷讲阿是钟点工? 536
顾：辖个叫法像煞比钟点工匣生动点勒,啊? 537
陆：以前还有弗少老葛讲法勒,倷蛮好白相葛。 538
顾：倷讲讲看,看我覅听见过。 539
陆：譬如辖辰光葛女佣人,年纪弗一样,叫法倷弗一样。 540
顾：年纪大葛。 541
陆：中年以上葛叫"阿妈"。 542

顾：唉,辫个我听见过葛。伲娘讲起伲小人来,终归讲日朝侪做佲笃
葛阿妈。 543

陆：阿是？三十来岁葛叫"娘姨"。 544

顾：年纪再轻葛呢？ 545

陆：弗到廿岁葛叫"小大姐"。小大姐是服侍小姐葛。 546

顾：唉,真葛蛮有劲葛。 547

释 文

陆：昨天来的几个人,有的年纪大,有的年纪轻,我弄不清都是些什
么人。 524

顾：是啊,是有各种各样的人。 525

陆：有两个穿得很神气的是干什么的？ 526

顾：做生意的,老板。 527

陆：那两个打扮得很厉害的女的有点像老板娘。 528

顾：是的。但是你别看人家穿得讲究,她们都很能吃苦。 529

陆：还有两个年纪稍大的女的,看着也挺泼辣、挺能干。 530

顾：都是做钟点工的。 531

陆：你说起钟点工,其实我们苏州早就有钟点工了,还有个说法呢。 532

顾：是吗？叫什么？ 533

陆：走做。 534

顾：有什么含义吗？ 535

陆：走来走去做。白天来做,做完了回去,住在自己家,明天再来。
你说是不是"钟点工"？ 536

顾：这说法好像比"钟点工"还生动些。是吧？ 537

陆：以前还有不少老的说法呢,都很有意思。 538

顾：你说说吧。看我听说过没有。 539

陆：比如那时的女佣人,年纪不一样,说法都不一样。 540

顾：年纪大的。 541

陆：中年以上的叫"阿妈"。 542

顾：啊，这个听到过。我妈数落我们孩子，总会说天天做你们的"阿妈"。 543

陆：是吧？三十来岁的叫"娘姨"。 544

顾：年纪再轻的呢？ 545

陆：不到二十岁的叫"小大姐"。小大姐是伺候小姐的。 546

顾：真的很有意思。 547

注 释

啥等样：sǎdenyan，什么样。

吃假：qikgà，讲究。

杀辣：satlat，泼辣。

走做：zòuzu，钟点工。

阿妈：atmá。

娘姨：niányi。

小大姐：siǎoduzia。

扩展词语

称谓

毛毛头：māomaodoe，出生不久的婴儿，也可叫"小毛头"siǎomaodoe。

男小人：男孩子，也叫"男小囝"noésiaogoe。

老老头：老头儿，没有敬义和贬义。

老太：老太太，没有敬义和贬义。

小姊妹：siǎozime，青少年女子间的好朋友。

告化子：gāohozii，乞丐。第一个字不读"叫"jiǎo。

贼骨头：贼。

三只手：扒手。

戆大：gàngdu，傻瓜。

小贼：小子，一般不是指"贼"。

老实头：老实人。

王伯伯：没有信用、不可靠的人。

半吊子：许诺他人办事却半途而废的人，对他人的损害比"王伯伯"还大。

大好佬：dúhaolao，大人物。

十三点：言语行为不得体的人。

温吞水：① 温水；② 比喻性情过分温和、好坏都没有反应的人。

老百晓：什么都知道的人。如：俚是个老百晓，问俚好则_{他什么都知道，问他就行}。

摊贩：摆摊儿的小商贩。

语 法

语缀1

子 ziǐ

"子"尾跟普通话基本一样，发音也差不多。不同的是，有的词普通话有"子"，苏州话没有。如：

苏州话　稻　麦　裙　沙　钉　袜　筛　篮
普通话　稻子　麦子　裙子　沙子　钉子　袜子　筛子　篮子

还有的词普通话没有"子"，苏州话有。如：

苏州话　鞋子　驴子　学生子　牙子　车子　锅子_{铝锅}
普通话　鞋　驴　学生　牙　车　锅

头 dóu

"头"尾也是普通话和苏州话都有的，但苏州话比普通话用得多。

苏州话　墙头　纸头　灶头　砖头　额角头
普通话　墙　纸　灶　砖　额角

有些词普通话用"子"，苏州话用"头"：

苏州话　竹头　领头　塞头　被头　斧头　调头
普通话　竹子　领子　塞子　被子　斧子　调子

苏州话"头"还有一个特殊的用法："一百块头"，即一张一百元面值的钞票,"一角头"是一张一角面值的钞票;"一斤头"指一斤成一个单位的商品或物品。

儿 ng

一般苏州人都觉得苏州话没有普通话的儿化,但有很少的词,词尾都有一个 ng,大家不知道是什么字,其实就是"儿"字,我们称之为儿尾,常见的有以下三个:

囡儿 noé'ng,女儿。

小娘儿 siǎonian'ng,女孩儿。

筷儿 kuē'ng。

练 习

1. 读出下列词语并解释,在解释时可比较自己家乡话是否有对应的说法,哪些相同,哪些不同?

走做、阿妈、娘姨、小大姐、毛毛头、男小人、老老头、老太、小姊妹、告化子、贼骨头、三只手、戆大、老实头、王伯伯、半吊子、大好佬、十三点、温吞水、老百晓、摊贩

2. 将下列句子译成苏州话。

(1) 你找我有什么事情吗?

(2) 你有没有三张一元面值的钞票?

(3) 你别催我呀,我这里正好忙着呢。

(4) 天这么热,想喝茶茶没有,喝可乐可乐没有,不是要把我渴死吗?

第34课 做客人

课文

顾：昨日到倷阿姨搭去，连倷娘勒一家门侪去葛，去仔一日。 548
陆：辂是蛮闹猛啘。 549
顾：喔唷，忒闹猛则，客气是客气得来。 550
陆：辂末好啘。 551
顾：倷阿姨一向欢喜客气，最近倷葛表姐从北京转来，难得碰头，实梗佬加二客气则。 552
陆：倍笃囡儿喊倍笃阿姨是…… 553
顾：阿姨好婆啘。现在葛小囝喊人弗大会喊。我喊倷阿姨末是阿姨，倷囡儿喊倷表姐匣喊阿姨，倷表姐喊倷娘阿姨，表姐葛囡儿喊倷娘匣是阿姨好婆，喊我匣喊阿姨。喔唷，缠是缠得来，两个小囝儿侪弄弗清爽。 554
陆：齃带点啥礼去？ 555
顾：辂末终归要骨。哀两日齐巧蟹上市，拎仔一串大闸蟹。倷表姐一直辣外地，吃弗大着葛。 556
陆：崭葛。 557
顾：所以就更加客气则啘，到饭店里喊仔一桌。 558
陆：阿要吃点老酒？ 559
顾：女葛多，酒倒还好勒。㑚搛拨我，我搛拨㑚，实头吃力葛。 560
陆：是该，倷苏州人请客是欢喜搛菜。 561
顾：其实我想想大家自家搛末阿要自由。 562
陆：唉，辂末就弗闹猛，无不辂个气氛则啘。 563

顾：倷娘搭倷阿姨末亲姊妹哕，匣要客气。一个攥过来，一个拿只碗要园到台子底下得勒。	564
陆：倷齁录像录下来？	565
顾：我登辣边浪笑杀。一顿饭吃仔头两个钟头。	566
陆：齁到几点钟走？	567
顾：四点敲过。还要留牢倷吃夜饭。倷讲夜饭是无论如何弗吃则。	568
陆：再吃一顿匣无啥哕。	569
顾：一直送出来，送到小区门口，还要送。倷讲留步吧，还弗肯，一脚送到公交车站。	570
陆：辫是真葛要好葛。	571
顾：要好是真要好，就是有点吃弗消。	572

释文

顾：昨天到我姨母家去，连我妈，一家人都去了，去了一天。	548
陆：很热闹吧？	549
顾：唉，太热闹了，实在太客气了。	550
陆：这好啊。	551
顾：我姨母一向爱客气，最近我表姐从北京回来，难得见面，所以更客气了。	552
陆：你女儿喊你姨母是……	553
顾：阿姨好婆啊。现在的孩子不太会喊人。我喊我姨母是阿姨，我女儿喊我表姐也喊阿姨，我表姐喊我妈阿姨，表姐的女儿喊我妈也是阿姨好婆，喊我也是阿姨。唉，真是搅昏了头，两个孩子都弄糊涂了。	554
陆：带点什么礼物吗？	555
顾：那总是要的。这几天正好螃蟹上市，提了一串大闸蟹。我表姐一直在外地，不容易吃到。	556
陆：真棒。	557
顾：所以就更客气啦，到饭馆请了一桌。	558

陆：要喝点酒吧？ 559

顾：女的多，酒倒没喝太多。你夹菜给我吃，我夹菜给你吃，真累。 560

陆：是的，我们苏州人请客就是喜欢互相夹菜。 561

顾：其实我想大家自己夹菜多自由。 562

陆：这就不热闹啦，没有这气氛了。 563

顾：我妈跟我姨母是亲姐妹，也要客气。一个夹过来，一个把碗藏到桌子底下。 564

陆：你把它录像录下来了吗？ 565

顾：我在一边儿笑坏了。一顿饭吃了两个小时。 566

陆：到几点走？ 567

顾：四点过。还要留我们吃晚饭。我们说晚饭无论如何不吃了。 568

陆：再吃一顿也不错啊。 569

顾：一直送出门，送到小区门口，还要送。我们说留步吧，还不，一直送到公交车站。 570

顾：真是友好极了。 571

陆：友好是友好，就是有点受不了。 572

注 释

闹猛：náoman，热闹。也可说"闹热"náonik。

实梗佬：seggánlao，说得快时，也说成 seggeglao，意思是"所以"，这是较老的说法。

加二：更加。

阿姨好婆：父亲或母亲的姨母。

礼：礼物。老的一般就说"礼"。

崭：zè，好，棒。比"灵"更强一点。

擕：jiē，"夹菜"的"夹"。

囥：kàng，藏，限指藏东西。

留牢伲：留住我们。"牢"是一个结果补语，大体跟普通话的"住"相近。如"捉牢"即"抓住"，"得牢"即"粘住"。

留步：送客时，客人常说的话。

要好：关系好，友好。

吃弗消：受不了。但"受不了"的贬义成分更多，"吃弗消"比较中性。用在这里就不太有贬义。

扩展词语

面店：专售熟的面条的店，苏州人早晨常在面店吃面条作早餐。

店堂：商店、饭馆等进行营业的屋了。

张：看望。如：李老师生病则，去张张俚。

弗送则：不送了。送客时主人说的客气话。

淘伴：dáoboe，伙伴。

寻相骂：吵架。

打相打：dǎnsiandan，打架。注意"打"的发音。

骂山门：骂人。

会钞：wuécao，付款，即现在流行的"埋单"。

辖拳：huat jioé，划拳。

语法

后置副词

快

作为副词，"快"的意思在苏州话跟普通话一样，但位置不同。如：

到快哉 快到了。

好快哉 快好了，即快完成了。

煞

本字其实应该就是"杀"，但这不大好听，所以大家都愿意写成"煞"。形容非常好和非常不好都可以，有点像普通话的"死"，位置也在后头。如：

气煞哉 气死了！

快活煞哉 高兴死了！

蹩脚煞葛差劲得很。
弗过
"弗过"就是"不过",也表示程度很高。如:
舜部胡梯高弗过,陪弗上去这个楼梯太高了,爬不上去。
哀条河深弗过,弗敢游泳葛这条河太深了,不敢游泳。
想想气弗过非常生气,怎么也想不通!

练 习

1. 读出下列词语并解释。

闹猛、实梗佬、加二、阿姨好婆、崭、棒、㨷、囥、要好、吃弗消、淘伴、寻相骂、打相打、骂山门、会钞、辖拳

2. 用"快"和"煞"各造5个短句。

小 吃

课文

陆：倷苏州葛小吃蛮多。俫阿讲得出几化？ 573

顾：箇是一歇歇匣讲弗完，捺亨讲法呢？ 574

陆：倷先讲糯米食。 575

顾：我晓得葛。糯米食顶多，还好再分团子一类葛，有普通葛团子、青团子、双让团子，还有汤团、圆子，亦好叫汤水圆。阿是？ 576

陆：唉。还有糕葛一类。 577

顾：猪油年糕、糖年糕、黄松糕、条头糕、定榫糕，还有方糕，方糕像煞弗侪是糯米粉做葛，阿是？ 578

陆：是葛。还有宁波年糕，完全是粳米葛。 579

顾：粽子、糍饭匣是糯米食。 580

陆：苏州人欢喜吃糯米食葛蛮多。 581

顾：还有面食。 582

陆：面食辣北方是主食，倷苏州只算小吃，弗当顿葛，匣有自家葛特点。譬如生煎馒头、紧酵馒头。 583

顾：还有小馄饨、大馄饨。 584

陆：我小辰光条件推板，早浪终归一副大饼油条。 585

顾：油条箇辰光叫"油炸桧"，阿是？现在弗大喊则。 586

陆：唉。还有老虎脚爪、绞捺棒。 587

顾：梅花糕、海棠糕匣是面粉做葛吧？ 588

陆：箇是还有月饼勒。月饼是全中国侪有葛，但是倷苏州葛月饼亦是各别葛。苏州一向有苏式月饼勒广式月饼。 589

顾：辦末是晼。　　　　　　　　　　　　　　　　　　　590

陆：但是倷觉発觉？别场化葛月饼侪是广式月饼，根本弗单单是广
　　州葛。就是伲苏州有辦种外头是油酥葛苏式月饼。　　　591

顾：唉，真葛啫。　　　　　　　　　　　　　　　　　　　592

陆：还有勒。别场化葛月饼一般侪是甜葛让，伲苏州人欢喜吃甜葛，
　　但是月饼偏生有肉让葛，而且是搭烧饼实梗，当场烘出来吃葛。593

顾：肉月饼末好吃晼。　　　　　　　　　　　　　　　　　594

陆：还有一样酒酿饼，匝是苏州葛特色小吃。　　　　　　　595

顾：别场化是吃弗大着葛。阿有勒？　　　　　　　　　　　596

陆：好好叫还有勒，前头讲葛侪是有粮食葛，还有弗是粮食葛，譬如
　　鸡头米呢。弗早则，下趟再讲吧。　　　　　　　　　　597

释文

陆：我们苏州的小吃很多。你能说出多少？　　　　　　　　573

顾：这一下子说不完，怎么说呢？　　　　　　　　　　　　574

陆：我们先说糯米食。　　　　　　　　　　　　　　　　　575

顾：我知道。糯米食最多，还可以再分团子一类的，有普通的团子、
　　青团子、双酿团子，还有汤团、圆子，又可以叫汤水圆。是吧？576

陆：是。还有糕一类。　　　　　　　　　　　　　　　　　577

顾：猪油年糕、糖年糕、黄松糕、条头糕、定榫糕，还有方糕，方糕好像
　　不都是糯米面做的，是吗？　　　　　　　　　　　　　578

陆：是的。还有宁波年糕，完全是粳米的。　　　　　　　　579

顾：粽子、糍饭也是糯米的。　　　　　　　　　　　　　　580

陆：苏州人喜欢吃糯米食品的很多。　　　　　　　　　　　581

顾：还有面食。　　　　　　　　　　　　　　　　　　　　582

陆：面食在北方是主食，在我们苏州只算小吃，不能当主食吃，也有
　　自己的特点。譬如生煎馒头、紧酵馒头。　　　　　　　583

顾：还有小馄饨、大馄饨。　　　　　　　　　　　　　　　584

陆：我小时候条件差，早上总是一个大饼一根油条。　　　　585

顾：那时油条叫"油炸桧",是吧?现在不大说了。 586
陆：是。还有老虎脚爪、绞捩棒。 587
顾：梅花糕、海棠糕也是面粉做的吧? 588
陆：那还有月饼呢。月饼是全国都有的,但是我们苏州的月饼又是特别的。苏州一向有苏式月饼和广式月饼。 589
顾：那是啊。 590
陆：但是你发现了吗?别处的月饼都是广式月饼,根本不单是广州的。就是我们苏州有那种外面是油酥的苏式月饼。 591
顾：啊,真是啊。 592
陆：还有呢。别处的月饼一般都是甜的馅儿,我们苏州人爱吃甜的,但是月饼偏偏有肉馅儿的,而且是跟烧饼似的当场烤出来吃。 593
顾：肉月饼好吃啊。 594
陆：还有一样酒酿饼,也是苏州特色小吃。 595
顾：别处是不怎么吃到。还有吗? 596
陆：还多着呢。前面说的都是有粮食的,还有不是粮食的,比如鸡头米呢。不早了,下次再说吧。 597

注 释

糯米食：糯米制作的食品。

团子：一种糯米面食品,圆形,有馅儿,蒸熟。

双让团子：一个团子里有两种馅儿的团子。"让"niân,馅儿,是同音字。

汤团：一种糯米面食品,圆形,有馅儿,比团子小,在开水里煮熟。

圆子：一种糯米面食品,圆形,比汤团小,没有馅儿,在开水里煮熟。苏州习俗,年初一早晨吃圆子。也可叫"汤水圆"。

糕：一种糯米面食品,方形,蒸熟制成。

猪油年糕：一种年糕,加未熬炼的成块儿的猪板油。

糖年糕：加红糖制成的年糕,不发酵。

黄松糕：一种糕,加红糖水发酵蒸制而成,口感松软。

条头糕：一种长方形的糕。

定榫糕：一种特殊形状的糕。

方糕：一种正方形的糕，掺粳米面蒸制而成。

宁波年糕：nínbokniegao，粳米蒸熟后用木锤舂打成的条形年糕，可做成炒年糕、汤年糕。前面各种年糕多是甜的，宁波年糕是淡的。注意，"宁波"nínbok，发音特殊，"波"与"北"同音。

糍饭：ciīfhe，糯米饭团，用手捏成，中间多夹油条。也可说"糍饭团"。

生煎馒头：生的肉包子直接用油煎、喷水制成，个儿较小。

紧酵馒头：一种馒头。

小馄饨：一种馄饨，个体较小，馅儿较少。

大馄饨：一种馄饨，个体较大，馅儿较多。

大饼：dábin，烧饼。"大"必须文读。

油炸桧：óusadgue，油条，也可叫"油条"。"炸"与"闸"sad 同音，与"炸弹"的"炸"zǒ 不同音。

老虎脚爪：一种烤的面食，状如老虎爪子。

绞揿棒：gǎoligbang，麻花。

梅花糕：用面粉做的小吃，梅花柱形，用有模子的铁板烘烤制成。

海棠糕：用面粉做的小吃，扁圆形，用有模子的铁板烘烤制成。

月饼：ngegbìn。

各别：特别。

肉月饼：niog'ngegbìn，肉馅月饼，现烤现卖，宜吃热的。

酒酿饼：zǒunianbin，类似月饼，不同处是面中掺江米酒。

鸡头米：芡实，苏州著名风味小吃。

扩展词语

糖粥：加白糖的粥，一种小吃，旧时沿街叫卖。

肉圆：肉丸子。

卤：鱼肉菜肴里的汤汁。

黄：huāng，鸡蛋黄。注意，此字发音特殊，与"荒"同音。
白：鸡蛋清。
茶叶蛋：加茶叶、酱油、茴香等煮成的鸡蛋。
白焐蛋：bagwudhe，白水煮的鸡蛋。
燉蛋：鸡蛋羹。
荷包蛋：煎鸡蛋。
水潽蛋：sypudhe，水煮不带壳的鸡蛋，即卧鸡子儿。
皮蛋：松花蛋。
盐鸭蛋：咸鸭蛋。第一个字是"盐"yé，不是"咸"é，二者发音不同。
炒头：炒菜，如炒肉丝、炒鳝丝。也说"热炒"。
鳝糊：苏州著名的菜肴，用鳝鱼丝炒烹而成。
豆腐花：豆腐脑。
豆腐浆：豆浆。
乳腐：豆腐乳。
索粉：粉丝。
油面筋：油炸的面筋。
臭豆腐干：臭的豆腐干，可炸了吃，也可蒸了吃。
扁尖：一种干的小竹笋，常放在炖的肉、鸡里作配菜。
乌头：wūdou，鱼肉中的配菜。"乌"是同音字。
浇头：jiāodou，加在米饭或面条（煮熟的）上的菜肴。"浇"是同音字。
老卜丝饼：láobogsiibin，以萝卜丝、面粉为原料放在铁皮模子中油炸而成的小吃。
糖芋艿：dángyuna，小吃，芋艿（芋头）加红糖煮成。
茶：① 茶水；② 开水。
原泡茶：新沏的茶。
烧酒：白酒。
黄酒：苏南、浙北多流行喝黄酒。

语 法

语缀 2

笃 dok

表面上看,"笃"像是普通话的"们"。苏州话中主要是"倷笃你们"、"俚笃他们"。

但下面的用法就不完全是"们"了。如:

老师笃老师他们

小王笃单位小王他们的单位

下面的用法更多的像是"的"。如:

倷笃爷你爸爸

俚笃屋里 1. 他们家;2. 他屋里的,即他妻子

小王笃葛 1. 小王家的;2. 小王他们的;3. 小王的妻子

叫 jiao

"叫"只出现在重叠的形容词后,有点像普通话重叠形容词后的"儿"。如:

慢慢叫立起来慢慢儿站起来。

好好叫走好好儿走。

毛毛叫一百斤将近一百斤。

味道血血叫味儿冲得让人受不了。

练 习

1. 说出苏州各种糕和团子的名称,有几种是你吃过或见过的?建议你到糕团店去看看没见过的糕团。

2. 请说出苏州话中关于蛋的各种词语,并比较一下有哪几个是跟你的家乡话一样的,哪几个是相近的,哪几个是很不一样的。

3. 本书讲的"笃"有两个,一个读 do,一个读 dok。请仔细辨别二者的区别,每个"笃"造两个句子。

第36课　评弹（上）

课文

陆：倷阿听书葛？　　　　　　　　　　　　　　　　　　　598
顾：我弗听，听弗大懂。　　　　　　　　　　　　　　　599
陆：辫是倷一直弗听佬，弗晓得，真正听出味道来，就欢喜则。　600
顾：倷讲讲看哩。　　　　　　　　　　　　　　　　　　601
陆：其实说书是南方、北方侪有葛，包括相声，侪是一身长衫。登辣
　　台浪主要靠一只嘴会讲，死葛说出活葛来。　　　　　　602
顾：说出艺术来。　　　　　　　　　　　　　　　　　　603
陆：倷哀句闲话蛮对。倪评弹葛特点是，特别葛细腻。一桩事体讲
　　得详细是详细得来。顶顶极端葛是，《珍珠塔》里陈翠娥小姐下
　　楼，好唱好几回书。　　　　　　　　　　　　　　　　604
顾：唱得肚肠痒杀哉。　　　　　　　　　　　　　　　　605
陆：辫个噱头匣是忒结棍仔点。但是，对心理葛描写特别细是灵葛。
　　倷像杨振雄、杨振言说葛《西厢记》，讲张生等莺莺来相会，登辣
　　房间里笃笃转、徐徐转，一歇歇想想莺莺就要来则，哈哈哈笑，等
　　等弗来，觉着弗会来则，亦哭出呜啦，弄得像个神经病。拿辫书
　　独头描写得真是活灵活现。　　　　　　　　　　　　　606
顾：听倷讲，倒匣有点意思啊。　　　　　　　　　　　　607
陆：照份例，说书搭唱戏弗一样，唱戏是用第一人称葛形式做戏，说
　　书呢，是用第三者葛身份讲故事。但是倪评弹弗但要说表，还要
　　起脚色，一样有花旦、小生、老生，学啥要像啥。　　　608
顾：喔，辫倒弗大容易。　　　　　　　　　　　　　　　609

陆：	是哦。还有，倷勒看说大书葛弗唱，俚曼得一把扇子、一块醒木，就有本事讲得有声有色。武松、赵子龙，一个比一个狠。小辰光是听得我神抓乌抓。	610
顾：	男小囝末就是实梗。	611
陆：	评弹葛唱腔匝好听啊。不过辩是一定要用苏州闲话唱葛。	612
顾：	我听听是五里五里葛无啥好听。	613
陆：	辩是倷勒听出味道哦。评弹搭京戏一样，有各种流派，老听客一听就听得出是啥个调，各有各葛风格，实头好听葛。	614
顾：	讲得辩场好听？	615
陆：	蒋调末浑厚、徐调呢糯、张调激昂、琴调豪放、丽调婉转。可惜无不琵琶弦子，否则我真葛搭倷唱一段拿。	616
顾：	讲好仔啊，下趟我一定去寻只弦子来。	617

释文

陆：	你喜欢听书吗？	598
顾：	我不听，听不太懂。	599
陆：	这是你一直不听的原因，不知道，真听出味儿来就喜欢了。	600
顾：	你说说吧。	601
陆：	其实说书南方、北方都有，包括相声，都是一袭大褂。在台上主要靠一张嘴能说，死的说成活的。	602
顾：	说出艺术来。	603
陆：	你这句话很对。我们评弹的特点是，特别细腻。一件事说得真详细。最极端的是，《珍珠塔》里陈翠娥小姐下楼，可以唱几回书。	604
顾：	唱得让人难受。	605
陆：	这噱头也是有点过头了。但是，对心理的描写特别细是好的。就如杨振雄、杨振言说的《西厢记》，说张生等莺莺来相会，在房间里不断来回转悠，一会儿想到莺莺就要来了，哈哈大笑，等着不来，觉得不会来了，又要哭，弄得像个神经病。把这个书呆子描写得真是活灵活现。	606

顾：听你说，倒也有点意思。 607

陆：照理，说书跟唱戏不一样，唱戏是用第一人称形式演戏，说书呢，是用第三者的身份讲故事。但是我们评弹不但要说表，还要扮演角色，一样有花旦、小生、老生，学什么要像什么。 608

顾：喔，这倒不太容易。 609

陆：是的。还有，你别看说评话的不唱，他只要一把扇子、一块醒木，就有本事说得有声有色。武松、赵子龙，一个比一个本领大，小时候听得我入迷了。 610

顾：男孩子就是这样。 611

陆：评弹的唱腔也好听啊。不过这是一定要用苏州话唱的。 612

顾：我听着呜呜呀呀地没什么好听。 613

陆：这是你没听出味道。评弹跟京戏一样，有各种流派，老听众一听就听得出是什么调，各有各的风格，实在好听。 614

顾：说得那么好？ 615

陆：蒋调浑厚、徐调软糯、张调激昂、琴调豪放、丽调婉转。可惜没有琵琶三弦，否则我真跟你唱一段。 616

顾：说定了，下次我一定去找个三弦来。 617

注释

长衫：中式长袍，大褂。

死葛说出活葛来：死的说成活的，俗语，形容口才太好。

肚肠痒煞哉：俗语，表示令人难以忍耐。

噱头：xuekdhóu，① 演员用的笑料；② 小骗局，多出现在商家兜售商品时。

笃笃转、徐徐转：toktokzoe síshizoe，不断地转来转去，表示心绪非常不宁。

哈哈哈笑：hathathatsiǎo，"哈"通常读 hā，这里读音不同。

哭出呜啦：kokcekwula，形容哭的样子。

书独头：sỳdogdhou，书呆子。"独"是同音字。

活灵活现：weglènwegyê，"灵"在这里读音特别。

照份例：按理。

醒木：说书艺人的道具，一块长方形的小方木，说到需要的时候会用醒木在桌上拍打一下，以提醒听众。

狠：hèn，本领高强。

神抓乌抓：形容听书或看戏过分进入角色，学故事中人物的样子。

五里五里：ňgli'ngli，象声词，形容哼哼的声音，呜呜呀呀，有贬义。四个字都是同音字。

寻：寻找。

弦子：三弦。

语 法

发语词

恼末 náomek

苏州有一个很常用的发语词"恼末"，在叙述一件事情时，在开头总爱先说"恼末"，说到中途，一下子说不下去，要想想再说，也先说一个"恼末"来搪塞。

叫啥 jiaosa

意即竟然、居然，始终读轻声，没有声调。

有时语义很弱，成了发语词。声调始终是前轻声。如：

昨日搭俚讲得蛮着实，今朝叫啥会放生葛昨天跟他说得好好的，今天竟然会失约！

口头禅

赛过 sěgu

人们平时说话，常会有口头禅，是人们在不能流利地表达时，不自觉说出的词语，没有任何意思。最常见的如"……的话"。苏州话中一个常见口头禅是"赛过"。

搿末 gegmek

那么，应该是连词，但实际上常成为口头禅。如：

辫末我明朝弗来则 那么我明天不来了。

文化背景

评弹是苏州的曲艺,也是全国重要的曲艺之一,俗称"说书",听评弹俗称"听书"。演员用苏州话演唱。评弹分评话和弹词两种。评话俗称大书,只说不唱,多由一人演出,一般都是男演员。书目多有战争内容,如《三国》《水浒》《隋唐》等。弹词俗称小书,又说又唱,多由二人或三人演出,常有女演员。使用的乐器是三弦和琵琶。书目多为才子佳人故事。如《珍珠塔》《玉蜻蜓》《描金凤》等。评弹最早起于明代,清代逐渐发展,清末以来流行于苏南、浙北地区,在民间有较大影响,上世纪五六十年代达到高峰。当时的苏州人几乎人人爱听评弹,苏州人叫"听书"。"文革"时受到冲击,改革开放后复兴。但由于时代的原因,现在只有老年人还比较喜欢。评弹中保留了许多老的苏州话,多听评弹,有助于我们了解和学习苏州话。

练习

1. 读出下列词语并解释。

肚肠痒、嚎头、笃笃转、徐徐转、哭出呜啦、活灵活现、照份例、狠、神抓乌抓、五里五里

2. 用下列苏州话造句。

肚肠痒煞哉——

哭出呜啦——

活灵活现——

照份例——

狠——

五里五里——

3. 本书课文中曾多次出现"赛过",有的是口头禅,也有的不是口头禅,请把它们找出来,并模仿课文中作口头禅的"赛过"造一个句子。

第37课 日常生活习惯

课 文

顾:	倷平常几点钟起来？	618
陆:	我五点半起来。	619
顾:	辦场早啊？老早起来作啥佳？	620
陆:	到伲小区边浪葛小游园去锻炼身体，打一路太极拳。	621
顾:	上班日脚中浪弗转来葛？	622
陆:	中浪末就辣单位里吃饭啘，吃仔辣办公室里稍为眯脱歇。	623
顾:	下仔班呢？	624
陆:	下仔班末豪燥去买小菜，到屋里搭伲屋里一道动手烧夜饭。	625
顾:	倷笃儿子呢？	626
陆:	儿子平常住校葛，弗转来。	627
顾:	夜里做点啥呢？	628
陆:	夜里末看电视啘。电视无啥看头末看看报，看看书。辰光快杀葛，看脱歇就好汏汏勒困觉则啘。	629
顾:	几点钟困呢？	630
陆:	困到床浪十点钟，倷呢？	631
顾:	我搭倷弗一样则。我七点半起来。	632
陆:	七点半起来，上班来得其嘎？	633
顾:	所以日朝早浪搭打仗尚，紧张得弗得了。搭囡儿弄好仔，马上开汽车就出门。	634
陆:	吃点心呢？	635
顾:	马路边浪葛"一百放心"买点，囡儿末汽车浪吃，我末到仔办公室吃。	636

陆：下仔班呢？ 637
顾：下仔班末先接囡儿。买小菜勒烧夜饭一般侪是倷老公葛事体。 638
陆：倷葛任务是管好唔笃囡儿？ 639
顾：要看俚做作业啘，终归还要辅导辅导。 640
陆：倷是欢喜上网骨。 641
顾：上网是欢喜上网，但不过弗大自由。 642
陆：唔笃老公要管倷？ 643
顾：老公是弗会管葛。囡儿一看见就弗定心。所以我只好熬牢勒海，等服侍俚困仔再上网。 644
陆：阿要上几化辰光？ 645
顾：弗一定该。一般侪要到十二点，弄得起劲葛说话，一点敲过匣讲勒海葛。 646
陆：实梗佬倷早浪爬弗起则。 647
顾：倪年纪轻葛末侪实梗骨。 648

释文

顾：你平时几点起床？ 618
陆：我五点半起床。 619
顾：这么早啊？老早起来干什么呀？ 620
陆：到我们小区旁边的小游园去锻炼身体，打一套太极拳。 621
顾：上班日子中午不回来咯？ 622
陆：中午就在单位里吃饭，吃了在办公室稍睡一会儿。 623
顾：下了班呢？ 624
陆：下了班赶紧去买菜，到家跟我爱人一起动手做晚饭。 625
顾：你们家儿子呢？ 626
陆：儿子平时住校，不回来。 627
顾：晚上干什么呢？ 628
陆：晚上看电视啊。电视不好看的话，就看看报纸，看看书。时间快得很，看一会就可以洗洗睡觉了。 629

顾：几点睡呢？	630
陆：躺到床上十点钟。你呢？	631
顾：我跟你不一样了。我七点半起床。	632
陆：七点半起床，上班来得及吗？	633
顾：所以每天早上跟打仗似的，紧张得不行。给女儿收拾好了，马上开汽车就出门。	634
陆：吃早点呢？	635
顾：马路边上"一百放心"买一点儿，女儿在汽车上吃，我到了办公室吃。	636
陆：下了班呢？	637
顾：下了班先接女儿。买菜和做晚饭一般都是我老公的事。	638
陆：你的任务是管好你们女儿？	639
顾：要看她做作业啊，总还要辅导一下。	640
陆：你是喜欢上网的。	641
顾：上网是喜欢，但是不太自由。	642
陆：你老公要管你？	643
顾：老公不会管。女儿一看见就不安心。所以我只好忍着，等伺候她睡了再上网。	644
陆：要上多久？	645
顾：不一定。一般都要到十二点，弄得高兴的话，也可能过一点钟。	646
陆：所以你早晨起不来了。	647
顾：我们年轻人都这样。	648

注 释

　　起来：这里是指"起床"。也可说"爬起来"，这里"爬"读白读，bé 与"陪"同音。多数场合是文读 bó。

　　眯脱歇：临时打盹。

　　汏：dâ，洗。

　　熬牢：忍着，憋着。

　　服侍：伺候。

爬弗起：起不了床。"爬"读 bé。

扩展词语

起早起：早起。

困晏朝：kuēn'ezao，睡懒觉。

揩面：洗脸。

淴浴：hokyok，洗澡。

乘风凉：sénfonglian，乘凉。

孵太阳：bútayan，晒太阳。

打瞌胧：dǎnkekcong，打盹儿。

打花掀：dǎhoxie，打哈欠。"花掀"是同音字。

困来：kuēnle，困，想睡。如：困来得啦真困啊。

打昏：dǎnhuen，打鼾。"昏"同音字。

说困话：说梦话。

磨夜作：熬夜。

练习

1. 读出下列词语并解释。

汏、起早起、困晏朝、揩面、淴浴、乘风凉、孵太阳、打瞌胧、打花掀、打昏、说困话

2. 用以下苏州话造句。

眯脱歇——

熬牢——

服侍——

爬弗起——

困来——

磨夜作——

第38课 商量事体

课文

陆：搭倷商量桩事体。 649
顾：啥事体？ 650
陆：我想搬搬场。 651
顾：倲笃屋里葛位子末好啘，出脚几化便勒海，走出大门末样样侪有。 652
陆：是是是该。 653
顾：倷看我辣园区，出门样样要汽车，无不汽车是赛过无脚蟹坨坨。 654
陆：听说美国别人家就是实梗葛。 655
顾：倪终归是辣中国啘。 656
陆：倷覅只看我葛好处哩。我现在一个是上班忒远。骑骑脚踏车要个把钟头得勒，现在到究有点年纪哉，有点吃力相。 657
顾：辔末开汽车啘。 658
陆：汽车开弗出去，倪辔条巷两部车子轧弗落。就是开出去，一路浪匣侪是红灯，开起来大概比脚踏车还要慢。 659
顾：所以我见仔到城里去怕葛。 660
陆：还有房子本身，讲起来已经翻造过则，哪搭有倲笃园区葛房子现代化呢？ 661
顾：所以苏州古城好末好，弗适应现代化则。 662
陆：但是住仔几十年，惯则，终归下弗落决心搬。 663
顾：覅疑心过度则，我看早晏要搬葛。还弗如现在就下决心。 664
陆：搬到哪搭呢？ 665
顾：到园区来吧。 666

陆：园区好是好末，我搭倷家主婆葛单位侪弗辣弯面。 667
顾：倷笃嫂嫂葛单位像煞靠近相城区辪只角里，阿绍？ 668
陆：俚辣火车站再过去点。 669
顾：倷葛单位末属于新区葛？ 670
陆：是该。 671
顾：辪末要末就辣弯面一带去寻房子。弯面我听说现在改造辪规模匣蛮大，将来葛发展弗会推板葛。 672
陆：伲两家头想是匣想着葛。要木等礼拜六去弯面看看。现在房子是贵嘎。 673
顾：倷有实力葛，问题弗大。假使城里葛房子能够脱手，更加无不问题则。 674
陆：倷匣麫讲得辪场省力，儿子开年还要考大学勒。 675
顾：真正弗来末，我帮助点倷。 676
陆：辪末再好弗有，谢谢哉。 677

释文

陆：跟你商量个事情。 649
顾：什么事？ 650
陆：我想搬家。 651
顾：你们家的位置多好，出门多方便，跨出大门什么都有。 652
陆：那是不错。 653
顾：你看我在园区，出门干什么都要汽车，没有汽车寸步难行。 654
陆：听说人家美国就是这样。 655
顾：我们毕竟是在中国。 656
陆：你别只看我的优点啊。我现在的问题，一个是上班太远。骑自行车要个把小时，现在到底上点年纪，有点费力。 657
顾：那就开汽车。 658
陆：汽车开不出去，我们这条巷子两辆车过不去。就是开出去，一路都是红灯，开起来大概比自行车还慢。 659

顾：所以我见了到城里去害怕。 660
陆：还有房子本身,说起来已经改造过了,哪儿有你们园区的房子现代化呢？ 661
顾：所以苏州古城虽然好,不适应现代化了。 662
陆：但是住了几十年,习惯了,总是下不了决心搬。 663
顾：别犹豫了,我看早晚要搬,还不如现在就下决心。 664
陆：搬哪儿呢？ 665
顾：到园区来吧。 666
陆：园区虽然好,我和我老婆的单位都不在那儿。 667
顾：我嫂子的单位好像靠近相城区那边儿,是吗？ 668
陆：她在火车站再过去一点。 669
顾：你的单位属于新区吗？ 670
陆：是的。 671
顾：要不就在那儿一带去找房子。我听说那儿现在改造的规模也很大,将来发展不会差。 672
陆：我们俩倒是也想到了。要不等星期六去那儿看看。现在房子很贵啊。 673
顾：你有实力,问题不大。如果城里的房子能够脱手,更加没问题了。 674
陆：你也别说得那么容易,儿子明年还要考大学呢。 675
顾：真不行的话,我帮助你一点儿。 676
陆：那就太好了,谢谢了。 677

注　释

出脚便：cekjiak biê,这是苏州人常说的话,指住家的地理位置好,周边生活方便。

无脚蟹坨坨：m̀jiak hǎdudu,形容寸步难行,什么也干不了。

吃力相：就是"吃力"、"累"。

轧弗落：挤不下。

翻造：翻新、改造。

疑心过度：犹像不决。

早晏：早晚。"晏"ě，白读，意思是"早晚"的"晚"。另有文读 yě。

倷笃嫂嫂：我嫂子。注意，"倷笃"直译是"你们"。在客气地提到对方的妻子时，普通话说"我嫂子"，苏州话不说，更无"咱嫂子"的说法，苏州话说的相当于"你们嫂子"。苏州话如说"伲嫂嫂"，指的是说话人自己的嫂子。

省力：容易。

再好弗有：再好不过。

练 习

1. 读出下列词语并解释。

出脚便、吃力相、轧弗落、疑心过度、早晏、再好弗有

2. 下面是一个假设的情景，请根据这一情景，用苏州话写出一组简短的对话。

甲的老公出差了，自己又感冒了，孩子没人带。甲的一同事乙家里有个奶奶可以帮助带孩子，甲跟乙商议帮助自己解决这一困难。

第39课　小　巷

课　文

陆：现在耷苏州是大得野豁豁。弗少老苏州侪从城里搬到城外头去
　　住则。　　　　　　　　　　　　　　　　　　　　　　　　678
顾：倪屋里就实梗啘。　　　　　　　　　　　　　　　　　　　679
陆：耷末倷对古城里向葛情形阿清爽？　　　　　　　　　　　　680
顾：我还是小辰光住葛，现在匣去得少，弗捺亨清爽。城里向耷种弯
　　弯曲曲葛小巷我弗熟。　　　　　　　　　　　　　　　　　681
陆：我末住仔几十年则啘，侪清爽。北京葛特色是辣胡同里，倪苏州
　　葛特色是辣小巷里。　　　　　　　　　　　　　　　　　682
顾：倷讲讲哩。　　　　　　　　　　　　　　　　　　　　　683
陆：现在倪推出平江路做品牌，其实像哀种路苏州多勒。　　　　684
顾：有点啥呢？　　　　　　　　　　　　　　　　　　　　　685
陆：苏州的小巷多数侪勒海河边浪。有种巷呢两面侪有房子，靠河
　　耷一面是下岸，房子前门沿街，后门头就是河，人家吃葛水、用葛
　　水就侪辣河里。下岸耷房子一般进深弗大深。弗靠河耷一面是
　　上岸，进深要深得多。有种大人家耷房子是要七进、九进得勒。686
顾：倪一个同学耷辰光就住辣耷种大房子里，喔唷，大得弗得了，真
　　是七十二家房客。　　　　　　　　　　　　　　　　　　687
陆：还有种巷呢要狭点，下岸无不房子。经常有踏渡，好停船葛。或
　　者有蛮多巷呢，下岸弗一定，一段有房子，一段无不房子。倷像
　　平江路就有点实梗。　　　　　　　　　　　　　　　　　688
顾：现在全国闻名葛周庄、同里，我看匣侪差仿弗多。　　　　　689

陆：其实俉是一个风格。恼末还有蛮多点小巷弗靠河，我觉着匣蛮
　　有味道。 690

顾：为啥呢？ 691

陆：有种巷是狭得弗得了。哀面楼浪搭一根晾衣裳竹头，好搭到对
　　面窗盘浪，大家好晾衣裳。两家人家坐辣窗口头，隔仔条巷，好
　　大讲张。 692

顾：比用手机匣好。 693

陆：辫种巷里向平常毕毕静，有辰光闸生头里一声"阿要买栀子花、
　　白兰花"，调头亦是香来亦是糯，而且还有应声葛。喔唷，辫味道
　　是真正弗谈哉！ 694

顾：听得我匣入迷哉。 695

陆：俉勿看辫种小巷辫场狭。一个稀弗像样葛石库门里，作兴就是
　　哪里个名人葛故居。走进去一条备弄，十分钟匣走弗完。 696

顾：但不过巷里向俉是石子路，骑脚踏车，颠杀人，弗大灵光。 697

陆：唉，辫个是该。造辫点路葛辰光还无不脚踏车勒呀。古辰光末，
　　石子路搭烂泥路比起来末，着实先进则咙。俉弗讲现在还要开
　　汽车勒。 698

顾：开汽车是作孽则。一条巷里只好走一部，对面汽车来，只好有一
　　部缩转去，否则末对壁撞。 699

陆：所以苏州要发展到城外去。 700

顾：小巷只好做历史文化遗产，拨大家欣赏则。 701

释文

陆：现在的苏州真大得没边。许多老苏州都从城里搬到城外去住了。 678

顾：我们家就这样。 679

陆：那么你对古城里的情况清楚吗？ 680

顾：我还是小时候住过，现在也去得少，不怎么清楚。城里那些弯弯
　　曲曲的巷子我不熟悉。 681

陆：我住了几十年了，都清楚。北京的特色在胡同里，苏州的特色在

小巷里。

顾：你说说吧。

陆：现在我们推出平江路做品牌，其实像这种路苏州多了。

顾：有些什么呢？

陆：苏州的小巷多数在河边上。有的巷子两边都有房子，靠河的一边是下岸，房子前门沿街，后门就是河。人家吃的水、用的水都在河里。下岸的房子一般进深不太深。不靠河的一边是上岸，进深要深得多。有的大宅院要有七进、九进呢。

顾：我的一个同学那时候就住在这样的大宅院里。啊，大得不行，真是七十二家房客。

陆：还有的巷子要窄一些，下岸没有房子。经常有船码头，可以停船。或者有好些巷子呢，下岸不一定，一段有房子，一段没有房子。比如平江路就这样。

顾：现在全国闻名的周庄、同里，我看也都差不多。

陆：其实都是一个风格。还有好多小巷子不靠河，我觉得也很有风味。

顾：为什么呢？

陆：有的巷子特别窄。这边儿楼上搭一根晾衣服的竹竿，可以搭到对面儿窗台上，大家都可以晾衣服。两家人坐在窗口，隔了一条巷子可以侃大山。

顾：比用手机都好。

陆：这种巷子里平时特别安静，有时候突然一声卖栀子花、白兰花的叫卖声，音调又甜又软，而且还有回声。唉，这味道真是没法形容了！

顾：听得我也入迷了。

陆：你别看这种小巷子这么窄。一个貌不惊人的石库门里，很可能就是哪一个名人的故居。走进去一条备弄，十分钟都走不完。

顾：但巷子都是石子路，骑自行车特别颠簸，不太好。

陆：是这样。修这些路时还没有自行车啊。古时候，石子路跟土路比，就相当先进了。你怎么不说现在还要开汽车呢。

顾:开汽车就可怜了。一条巷子里只能过一辆,对面汽车来,只能有
　　一辆倒回去,要不就迎面相撞了。　　　　　　　　　　　　　699
陆:所以苏州要发展到城外去。　　　　　　　　　　　　　　　　700
顾:小巷只能成为历史文化遗产,给大家欣赏了。　　　　　　　　701

注 释

巷:ɑ̂ng,比街窄的道路,两边一般都是住家,没有商店,是苏州城区最常见的道路。

野豁豁:yáhuathuat,形容没有界限,引申为事情差得太多,离谱。

后门头:后门那儿。

进深:zīnsen,一个大宅院,从大门口往里进去的深度。这里的"进"读阴平。

进:zǐn,江南的大宅院,一个天井加一个客厅(两旁还有厢房)算一进。客厅后又有一个天井、一个客厅,就又是一进。

大人家:以前有地位、有钱的人家。

七十二家房客:这是上世纪50年代上海的一个著名滑稽戏。说的是七十二家人家住在一个这样的大宅院里的故事。

狭:ɑg,窄。

踏渡:用条石砌在河边的台阶,船停靠在旁边,可供上下船,居民还可在此取水、洗东西。有的小说里把它叫做"河埠",但口语不说"埠"。

晾衣裳竹头:晾衣服的竹竿,"晾"lâng,晾。"竹头",竹子,竹竿。

窗盘:窗户,窗台。

大讲张:"讲张"即交谈,"大讲张"是时间较长的交谈,也相当于侃大山。"张"不能确定是本字。传说是指元末明初的张士诚。

毕毕静:形容非常安静。

栀子花:ziīziiho,苏州常见的鲜花,妇女喜欢插戴,特别芳香。

白兰花:baglèho,苏州常见的鲜花,妇女喜欢插戴,特别芳香。

应声:回声。

弗谈则:不谈了,即难以形容。

稀弗像样：很不像样，貌不惊人。

备弄：bélong，大宅院中供仆人走的连通前后厅堂的小弄，窄而阴暗。"备"不一定是本字，也可能是"陪"。

石子路：这些巷子的路面都是用不规则的花岗岩石块铺成。不太平坦，但在多雨的江南就不会有稀泥。

烂泥路：土路。

着实：这里的意思是"相当"。

作孽：可怜。佛教认为作了孽的人到阴间是要受报应的，所以这种人是令人可怜的。

一部（汽车）：一辆（汽车）。

对壁撞：正面相撞。

扩展词语

房舍

客堂：中式房屋的客厅。也叫"客堂间"。

墙门间：旧时大宅院大门内的一间，看门人工作和居住的处所。

夹厢：厢房，中式民居客厅两边的房间。

庭柱：柱子。

街沿：大门口通往街道的台阶，一般只有两级。

板壁：木板做的用来隔开房间的墙。

踏渡琴：dagdhùjhin，踏渡的石级。"琴"是"石级"的"级"，同音字。

文化背景

苏州的小巷也是苏州文化的重要内容。苏州城内河道纵横，小巷大多临河。唐朝诗人杜审言诗："君到姑苏见，人家尽枕河。"早已生动地描绘了苏州的这一景色。

练 习

1. 读出下列词语并解释。

野豁豁、大人家、踏渡、眼衣裳竹头、窗盘、大讲张、毕毕静、应声、弗谈则、稀弗像样、烂泥路、作孽、对壁撞

2. 将下列句子译成苏州话。

(1) 我昨天到你们家看你,没见到你,你到哪儿去了?

(2) 我就在隔壁邻居家玩儿,他们家孩子跟我的女儿好得很。

(3) 我最喜欢黄天源的糕团,又甜又软,这味道真是没法形容了。

(4) 你看他们俩坐在窗口,在那儿侃大山。

第 40 课　郊游

课文

顾：倷单位里葛同事勒海商量周末到苏州周边去白相,当日好来回葛。 702
陆：辫是多来,倷笃有得好白相蛮多个周末得勒。 703
顾：倷讲讲看哩。 704
陆：倪一摊一摊讲。先讲太湖里葛洞庭山。洞庭山分东山勒西山。 705
顾：倷先讲东山。 706
陆：东山有山,匣是个古镇,有雕花楼、陆巷古村,还有轩辕宫、紫金
庵,侪是古葛。 707
顾：西山我弗捺亨去过。 708
陆：西山辣太湖当中,有石公山、林屋洞、明月湾古村,还有三山岛史
前文化遗址。 709
顾：还有吃葛勒。 710
陆：东山、西山侪出碧螺春茶叶、杨梅、枇杷。 711
顾：现在可以买张票自家到山浪去,一面白相,一面随便采来吃。 712
陆：太湖里还有太湖三白。 713
顾：辫个匣蛮有名气。 714
陆：靠北面点,匣辣太湖边浪,还有光福葛邓尉山,山浪葛梅花号称
香雪海。山里有司徒庙,庙里有清、奇、古、怪四棵古柏。 715
顾：辫是要冷天去。 716
陆：再过来,顶顶有名气葛,木渎灵岩山、天平山,木渎镇浪有严家花
园。镇浪葛名产是枣泥麻饼。 717
顾：麻饼吃是好吃葛,就是甜伤心。 718

陆：木渎边浪,还有穹窿山、天池山、白马涧生态园。 719
顾：白马涧我去过葛,好吃烧烤。 720
陆：再过来点是狮子山。狮子山原本是座荒山,山浪光秃秃无啥啥。苏州人有句老话叫"狮子回头望虎丘"。现在登辣上头造苏州乐园,倒蛮通葛,现在是闹猛则。 721
顾：小人顶欢喜白相则。 722
陆：木渎另外一横头再过来点是上方山、石湖,匪着实好白相。 723
顾：我小辰光就晓得"八月十八游石湖"。 724
陆：行春桥有石湖串月。 725
顾：再过来呢? 726
陆：靠近昆山辩只角里有甪直古镇,有保圣寺,有古辰光名人陆龟蒙古迹,现代名人叶圣陶葛纪念馆。 727
顾：到相城区辩面呢? 728
陆：阳澄湖葛大闸蟹哚,全国闻名。 729
顾：白相呢? 730
陆：白相末现在有新葛景点。沙家浜,辩是从样板戏来葛,但是现在开发出芦苇荡,看看匪着实蛮灵。 731
顾：是该。 732
陆：还有新造葛重元寺,地方大得弗得了,匪弗错。 733
顾：喔唷,辩场多景点,靠周末白相是,要几个月得勒。 734
陆：周边郊区葛我还勿讲全啦。而且还有古城区,稍为远点,还有常熟、昆山勒辩星呢! 735
顾：所以倪苏州人旅游用弗着到外地去。 736

释文

顾：我们单位的同事在商量周末到苏州周边去玩儿,当天能来回的。 702
陆：这就多了,你们尽可以玩儿好多个周末。 703
顾：你说说吧。 704
陆：我们一片一片说。先说太湖里的洞庭山。洞庭山分东山和西山。 705

顾：你先说东山。 706

陆：东山有山，也是个古镇，有雕花楼、陆巷古村，还有轩辕宫、紫金庵，都是古的。 707

顾：西山我没怎么去过。 708

陆：西山在太湖当中，有石公山、林屋洞、明月湾古村，还有三山岛史前文化遗址。 709

顾：还有吃的呢。 710

陆：东山、西山都出产碧螺春茶叶、杨梅、枇杷。 711

顾：现在可以买张票自己到山上去，一边玩儿，一边随便采了吃。 712

陆：太湖里还有太湖三白。 713

顾：这个挺有名气。 714

陆：靠北边一些，也在太湖边儿上，还有光福的邓尉山，山上的梅花号称香雪海。山里有司徒庙，庙里有清、奇、古、怪四棵古柏。 715

顾：这是要冬天去。 716

陆：再过来，最有名气的，木渎灵岩山、天平山，木渎镇上有严家花园。镇上的名产是枣泥麻饼。 717

顾：麻饼虽好吃，就是甜得受不了。 718

陆：木渎旁边，还有穹窿山、天池山、白马涧生态园。 719

顾：白马涧我去过，可以吃烧烤。 720

陆：再过来点是狮子山。狮子山原来是座荒山，山上光秃秃什么也没有。苏州人有句老话叫"狮子回头望虎丘"。现在利用来建苏州乐园，办法不错，现在就热闹了。 721

顾：孩子最喜欢玩儿。 722

陆：木渎另外一头再过来点是上方山、石湖，也相当好玩儿。 723

顾：我小时候就知道"八月十八游石湖"。 724

陆：行春桥有石湖串月。 725

顾：再过来呢？ 726

陆：靠近昆山那头有甪直古镇，有保圣寺，有古代名人陆龟蒙古迹，现代名人叶圣陶的纪念馆。 727

顾：到相城区那边呢？ 728
陆：阳澄湖的大闸蟹啊,全国闻名。 729
顾：玩儿呢？ 730
陆：玩儿的现在有新景点。沙家浜,这是从样板戏来的,但是现在开
　　发出芦苇荡,看着也非常好。 731
顾：是的。 732
陆：还有新建的重元寺,地方大极了,也不错。 733
顾：啊,这么多景点,靠周末玩儿,要几个月才行。 734
陆：周边郊区我还没说全呢。而且还有古城区,稍远点,还有常熟、
　　昆山的那些呢！ 735
顾：所以我们苏州人旅游不用去外地。 736

注　释

一摊：一片。
枇杷：bigbò,洞庭山名产。"枇"发音特殊。
杨梅：洞庭山名产。
太湖三白：太湖中出产的白鱼、白虾和银鱼,号称"三白"。
甜伤心：甜得受不了。
穹窿山：cōnglongse,"穹"发音特别,与"葱"同音。
无啥啥：ḿsasa,什么都没有。
蛮通葛：办法不错。"通"应是"行得通"的意思。
另外一横头：另外一头。
行春桥：āncenjhiao,"行"白读,另有文读 yín。
𠍽只角里：即那一带。
甪直：logseg。"甪"与"陆"同音。
𠍽星：gegsīn,这些。"星"也是同音字,可能是"些儿"的合音。

文化背景

苏州濒临太湖,太湖边有一些小山丘,太湖中有小岛西洞庭山,还有

伸入太湖的半岛东洞庭山,这些小山都是苏州地区成陆前的海上小岛。今天这些小山点缀在平坦的长江下游平原上,风景秀丽、物产丰饶,并且有丰富的人文历史资源,众多历史名人在此留下了行踪。

练 习

1. 练习下面易读错的字的读音。

讲张 gàngzan、帮忙 bāngmang、沙家浜 sōgaban、绷子 bānzii、桑叶 sāngyig、先生 siēsan

大麦 dámak、鞋袜 ámat、隔开 gakké、隔壁 gatbik、像煞 siánsat、脚掌 jiakzàn、甲乙 jiatyik、压迫 akpek、鸭嘴 atzỳ

2. 将下列句子译成苏州话。
(1) 你去过西山吗?——我没去过。

(2) 上次我玩儿过周庄,这次不用去了。

(3) 雕花楼啊、陆巷古村啊,都很好玩啊,你怎么都没去玩呢?

(4) 昨天我去山塘街了,真是热闹啊!什么东西都有卖的。

第41课　园林

课文

陆：苏州园林葛名气是响得刮辣辣！ 737

顾：讲末实梗讲,其实伲年纪轻葛人,弗大到园林去白相葛。到底好辣哪面,匿弗大清爽。 738

陆：阿要讲点拨俚听听拿？ 739

顾：辩末巴弗得皖。 740

陆：弗懂葛人看伲苏州园林,一个一个看勒海侪差仿弗多,觉着看仔一个就好哉。 741

顾：我匿觉着是辩场。 742

陆：所以倍笃就弗懂则呀。弗同葛园,就像弗同葛画、弗同葛诗,非但内容弗同,风格匿弗同。各个园林朝代弗同,风格就弗同。拙政园是水多,狮子林是假山多,沧浪亭是宋朝葛,特别古朴。拙政园西面葛鸳鸯馆,四只角浪有耳室,窗浪配花玻璃,边浪葛桥是铁栏杆葛,明显是近代风格。 743

顾：我侪觏注意过。 744

陆：苏州园林,体现仔伲中国文化,反映仔中国古代文人心目当中葛理想境界。最最典型葛拙政园,俚晓得葛,是文徵明帮助设计葛。拙政园其实就是一幅立体葛中国山水风景画。 745

顾：为啥呢？ 746

陆：大自然葛山水只好难得去看看,园林就是拿自然山水搬到屋里来,而且搭伲人融为一体,叫"天人合一",辩个是中国人葛文化思维。 747

顾：倷再讲得具体点哩。 748

陆：倷像拙政园当中远香堂对面有座小山。辣座山其实是烂泥堆出来葛，真正一滴滴高，但是倷慢慢叫爬上去，抬起头望望，树桠枝当中是高完高完葛蓝天，树浪还有鸟叫，就会得觉着像真葛到仔山野里向则。山浪有只亭子，亭子浪匾额是"山花野鸟之间"，齐巧就是倷辣歇辰光葛感觉。坐辣亭子里休息脱歇，感觉是心旷神怡，舒畅得弗得了。 749

顾：拨倷讲得辣场好，我下趟匡去体会体会看。 750

陆：园林里葛景致，弗少侪是从诗里向来葛，就是有出典葛。 751

顾：倷倒举葛例子来听听哩。 752

陆：辣是多勒。像拙政园西面，有个留听阁。倷阿晓得啥个意思？ 753

顾：弗晓得。 754

陆：出典是李商隐葛诗"秋阴不散霜飞晚，留得残荷听雨声"，阁葛边浪就有荷花池，到秋天，拿枯脱葛荷叶留勒海，阁是四面通风葛，落雨葛辰光就可以坐辣阁里听雨滴落辣荷叶浪葛声音。 755

顾：辣是雅得弗得了，真是弗吃人间烟火则。 756

陆：所以白相苏州园林，要慢慢叫体会。走马看花，半日天白相几个园林，搭充军实梗，哪搭能够体会得到哀种味道呢？ 757

顾：辣末要捺亨白相呢？ 758

陆：伲老苏州啊，一个园林，弗是去过则晓得捺亨样子就好则，伲是一直要去葛。至少半日天，进去笃悠悠葛兜兜，欣赏欣赏亭台楼阁里葛匾额对联，走廊墙头浪葛碑刻，再泡壶茶坐脱歇。辣是一种修身养性。 759

顾：还要有一定葛文化修养勒。 760

陆：我相信以后大家葛文化水平终归越来越提高，苏州园林弗会冷落葛。 761

顾：为仔白相园林，我下趟也要多读读古诗哉。 762

释文

陆：苏州园林的名气是响当当的！ 737

顾：说是这么说，其实我们年轻人不怎么去园林玩儿。到底好在哪儿，也不太清楚。 738

陆：要不要说给你听听？ 739

顾：那就巴不得了。 740

陆：不懂的人看我们苏州园林，一个个看着都差不多，觉得看了一个就行了。 741

顾：我也觉得是这样。 742

陆：所以你们就不懂了。不同的园子，就像不同的画、不同的诗，不但内容不同，风格也不同。各个园林朝代不同，风格也不同。拙政园是水多，狮子林是假山多，沧浪亭是宋朝的，特别古朴。拙政园西面的鸳鸯馆，四个角上有耳室，窗上镶花玻璃，旁边的桥是铁栏杆的，明显是近代风格。 743

顾：我都没注意过。 744

陆：苏州园林体现了我们中国文化，反映了中国古代文人心目中的理想境界。最典型的拙政园，你知道是文徵明帮助设计的。拙政园其实就是一幅立体的中国山水风景画。 745

顾：为什么呢？ 746

陆：大自然的山水只能难得去看看，园林就是把自然山水搬到家里来，而且跟我们人融为一体，叫"天人合一"，这是中国人的文化思维。 747

顾：你再说得具体点。 748

陆：就如拙政园中部远香堂对面有座小山。这座山其实是泥土垒起来的，高度很低，但是你慢慢儿爬上去，抬头仰望，树枝中是高高的蓝天，树上还有鸟叫，就会觉得像真的到了山野里。山上有个亭子，亭子的匾额是"山花野鸟之间"，正好就是你这时候的感觉。坐在亭子里休息会儿，感觉心旷神怡，真舒畅极了。 749

顾：给你说得这么好，我下次也去体会一下。 750

陆：园林里的风景，不少是从诗里来的，就是有典故的。 751

顾：你倒举个例子来听听啊。 752

陆：这就多了。像拙政园西面有个留听阁。你知道是什么意思？ 753
顾：不知道。 754
陆：典故是李商隐的诗"秋阴不散霜飞晚，留得残荷听雨声"，阁的旁边就有荷花池，到秋天，把枯了的荷叶留在池子里，阁四面通风，下雨时就可以坐在阁里听雨滴落在荷叶上的声音。 755
顾：这太风雅了，真是不食人间烟火了。 756
陆：所以玩儿苏州园林，要慢慢儿体会。走马看花，半天逛几个园林，跟充军似的，哪能体会到这种韵味呢？ 757
顾：那么该怎么玩儿呢？ 758
陆：我们老苏州啊，一个园林，不是去过了知道什么样子就行了，我们是常去的。至少半天，进去慢悠悠地逛，欣赏一下亭台楼阁里的匾额对联，走廊墙上的碑刻，再沏壶茶坐会儿。这是一种修身养性。 759
顾：还要有一定的文化修养呢。 760
陆：我相信以后大家的文化水平总是越来越提高，苏州园林不会冷清的。 761
顾：为了玩儿园林，我以后也要多读点古诗了。 762

注 释

响得刮辣辣：形容名气非常响。
巴弗得：巴不得。
拙政园：zekzěnyoe。"拙"不读 zok。
耳室：ērsek，"耳"文读。
烂泥：泥土，干的和湿的都叫烂泥。
鸟：diào，现在年轻人受普通话影响，读成 niào。
景致：风景。苏州话老的多说景致。
出典：典故。
搭充军实梗：跟充军似的，常用的比喻，形容人行动太匆忙。
笃悠悠：慢悠悠，不慌不忙。

泡茶：沏茶。

冷落：冷清。

文化背景

园林在全国各地都有，但苏州是私家园林的集大成者。数量最多，共有一百多处。最丰富也最典型的主要有沧浪亭、拙政园、留园、网师园、狮子林，已列入世界文化遗产名录，现已开放的还有一些较小的园林：怡园、环秀山庄、耦园、艺圃、鹤园。这还不包括苏州市辖县级市的园林，如吴江同里的退思园等。

练习

1. 读出下列词语并解释。

巴弗得、烂泥、鸟、出典、笃悠悠、泡茶

2. 用下列苏州话造句。

巴弗得——

笃悠悠——

弗来事——

后手来——

轧闹猛——

来弗其——

第42课　评弹(下)

课　文

陆：唱末就弗唱则,我今朝搭倷讲讲《描金凤》里葛钱笃玫拿。　　　763

顾：哠末我今朝听隑壁书则。　　　764

陆：钱笃玫葛真名叫钱志节,俚做葛行当是走江湖笃玫葛。　　　765

顾：哠末弗像是个规矩人喕。　　　766

陆：哠个人有趣就有趣辣该搭。倷讲俚好吧,俚江湖诀弗得了。笃玫哪搭会是真葛呢? 全本热昏。俚弗骗人哪搭赚得着铜钿? 家主婆死脱则,搭个许媒婆姘辣一道。俚倒着实现代化,照现在行葛,女友,同居弗结婚。　　　767

顾：原来男友、女友伲中国几百年前就有哉?　　　768

陆：俚一个囡儿小姐宝贝葛,叫钱玉翠。徽州人汪宣,人称汪二朝奉,开典当葛,是个大老板,要看相钱玉翠,讨得去做小老母。其实爷娘眼睛里只想铜钿葛说话末,来得正好喕。唉,钱笃玫弗肯。　　　769

顾：恼末捺亨呢?　　　770

陆：叫啥俚有本事拿汪二朝奉葛百万家当全部骗脱,骗得汪宣赤脚地皮光,做告化子。　　　771

顾：哠末俚葛囡儿到底捺亨则呢?　　　772

陆：囡儿去配拨辣哀部书葛主角徐惠兰。哠辰光徐惠兰还是个穷书生,拿只描金凤做信物。　　　773

顾：描金凤葛名字就实梗来葛。　　　774

陆：实梗佬看得出钱笃玫轧实是个正派人。　　　775

顾：哠末后手来呢?　　　776

陆：后手来徐惠兰拨别人陷害，推板滴滴杀头。当中还有弗少曲折，
　　最后考中状元，搭玉翠小姐团圆。可见钱乩玟葛眼光是凶葛。　777
顾：哎，倷讲仔半日，钱乩玟求雨勷讲咹。　778
陆：倷夠急哩，恼末要来讲求雨则咹。　779
顾：喔唁，还要卖卖关子勒。　780
陆：孵年子苏州碰着旱灾，几十日勷落雨，官府辣玄妙观贴出榜文，
　　看啥人会得求雨。钱乩玟孵日是荡马路荡到观前街玄妙观，轧
　　辣人堆里看闹猛。　781
顾：我晓得骨，欢喜看闹猛末要看出下巴戏来则。　782
陆：孵场末会得好白相咹。天末实在收燥，孵皇榜贴仔多日末干脱
　　葛则，一只角卷起来，阿末几个字遮脱则。孵钱乩玟算识字葛，
　　俚要去拿孵只角曳开来看。弗晓得拨后头一个恶死做葛朋友登
　　辣俚身浪一□gán末，皇榜特下来则！　783
顾：喔唁，恼末尺贡则咹。　784
陆：马上边浪葛差人过来，硬做讲俚黑皇榜。恼末就辣三清殿门前
　　搭出一只台，让俚登辣台浪作法求雨呃。　785
顾：丫空，会求得着雨嘎？　786
陆：求仔三日无不雨，台下头硬柴匣架好则，再无不雨就要烧杀俚。　787
顾：真正急杀人。　788
陆：唉，孵末就叫"无巧不成书"。就辣孵歇辰光，闸生头里，天浪雷
　　响霍险，阵头雨下来哉！　789
顾：恼末救仔俚一条命。　790
陆：钱乩玟马上就封官，还到北京见皇帝，皇帝封俚做护国军师，俚
　　还扳倒仔奸臣宰相。　791
顾：孵是瞎七搭八则。历史浪哪面有哀种事体佳。　792
陆：孵末就是说书，说拨倷笑笑骨。　793
顾：下头阿有勒？　794
陆：有意思葛是，钱乩玟勷忘记脱勒海做瘪三葛汪宣，叫啥保荐俚做
　　仔个六品官。　795

顾：赛过讲钱𠵽玪还是晓得好㗆葛。 796

陆：而且汪宣匣是个清官勒。 797

顾：说书里向葛清官、贪官是分得清清爽爽。 798

陆：哀部书里噱头是多勒，倷去听好勒。 799

顾：倷匣说得蛮精彩勒海。只可惜还是齣听见唱。 800

释文

陆：我就不唱了，今天跟你说说《描金凤》里的钱𠵽玪吧。 763

顾：我今天就白听书了。 764

陆：钱𠵽玪的真名叫钱志节，他干的行当是跑江湖占卜。 765

顾：这就不像正经人哪。 766

陆：这人的有趣就在这儿。你说他好吧，他江湖骗局特别多。占卜哪会是真的呢？全是忽悠人。他不骗人哪能赚到钱呢？老婆死了，跟许媒婆姘居。他倒真还现代化，按现在流行的，女友，同居不结婚。 767

顾：原来男友、女友我们中国几百年前就有了？ 768

陆：他那女儿是当成宝贝的，叫钱玉翠。徽州人汪宣，人称汪二朝奉，开当铺的，是个大老板，看中了钱玉翠，想娶她做小老婆。其实，如果父母眼里只想钱的话，这是正中下怀。但是，钱𠵽玪不愿意。 769

顾：那就怎样呢？ 770

陆：他居然有本事把汪二朝奉的百万家产全部骗走，弄得汪宣一无所有，做了要饭的。 771

顾：那他的女儿到底怎样了呢？ 772

陆：女儿嫁给了这部书的主角徐惠兰。当时徐惠兰还是个穷书生，拿一只描金凤做信物。 773

顾：描金凤的名字就是这样来的。 774

陆：所以看得出钱𠵽玪其实是个正派人。 775

顾：那后来呢？ 776

陆：后来徐惠兰被人陷害，差点儿杀头。当中还有许多曲折，最后徐惠兰考中状元，跟玉翠小姐团圆。可见钱乩玹的眼光是厉害的。 777
顾：咦，你说了半天，钱乩玹求雨没说啊。 778
陆：你别着急呀，下面就要说求雨了。 779
顾：哦，还要卖个关子。 780
陆：那年苏州遇到大旱，几十天没下雨，官府在玄妙观贴出榜文，看谁能求雨。钱乩玹这天逛街逛到观前街玄妙观，挤在人堆里看热闹。 781
顾：我知道，爱看热闹就要看出麻烦来。 782
陆：这才好玩儿呢。天气太干燥，皇榜贴了好多天干了，一只角卷起来，最后几个字挡住了。这钱乩玹算是认字的，他想把那只角扯开来看。谁知道后头一个坑人的家伙往他身上一拱，皇榜掉下来了！ 783
顾：啊，这下完了。 784
陆：旁边的差人马上过来，硬说他揭皇榜。然后就在三清殿前搭了一个台子，让他在台上作法求雨。 785
顾：开玩笑，能求得到雨吗？ 786
陆：求了三天没雨，台下柴火也架起来了，再没雨就要烧死他。 787
顾：真是急死人。 788
陆：诶，这就叫"无巧不成书"。就在那个时候，突然天上雷电交加，下起雷雨来了！ 789
顾：这下救了他一条命。 790
陆：钱乩玹马上就被封官，还到北京见皇帝，皇帝封他为护国军师，他还扳倒了奸臣宰相。 791
顾：这是胡说八道了，历史上哪儿有这种事啊。 792
陆：这就是说书了，说了让你乐呵。 793
顾：下面还有吗？ 794
陆：有意思的是，钱乩玹没忘记在要饭的汪宣，居然保荐他做了一个六品官。 795

顾：这意思是说钱乩玞还是明白事理的。　　　　　　　　796
陆：而且汪宣也是个清官呢。　　　　　　　　　　　　797
顾：评弹里的清官、贪官是分得清清楚楚。　　　　　　798
陆：这部书的笑料多了去了，你听了就知道。　　　　　799
顾：你也说得很精彩啊。只可惜还是没听到唱。　　　　800

注释

听隑壁书：旧时有的人没钱买票听书，在书场后头靠墙站着听，书场不收他们的钱，白听。这叫"听隑壁书"。"隑"ge，斜靠。

乩玞：tokzǎo，占卜。"乩"是"扔"的意思，"玞"是占卜的用具，但苏州话发音不同，本字不明，写作"玞"只是用它的意思，发音与"照"同音。

江湖诀：江湖骗术。

全本：全部。

热昏：瞎胡闹。

媒婆：mábhu，"媒"本读 mé，在这里读音特别，不能肯定就是"媒"字。

行：án，白读。通行、流行。

囡儿小姐：对人家女儿的客气称呼。

宝贝：这里用作动词，当做宝贝。

汪二朝奉：汪宣排行第二，"朝奉"是当铺的掌柜。"二"在这里是白读 nî。

典当：当铺。

看相：看中，贬义，即不正当的看中。

讨。娶。讨家主婆，娶老婆。

小老母：siǎolaomo，小老婆。"母"文读。

来得正好：lêdekzenhao，正中下怀。"来"在这里读阳去。

赤脚地皮光：cakjiak díbhi kuāng，一无所有。

配：pē，旧时说"嫁"，不读阴去。"配亲"是与男方结亲。现在一般不说。

轧实：gadseg，确实。

推板滴滴：差点儿。

眼光凶：眼光厉害，看得准，有远见。

（弄出）下巴戏：óboxi，（出）娄子。

收燥：sōusao，干燥。注意"燥"发音与普通话不同，声母是s。

多日：dānig。"多"在这里发音特殊。

曳：yig，拉、扯。

恶死做：oksiizu，耍赖皮、坑害人。

□，gán，用肩膀以至整个身体挤、推。写不出本字，同音字也没有。

特，deg，掉落。"特"是同音字。

尺贡：cakgǒng，多单用，相当于"玩儿完"。

硬做：副词"硬"，不管对方意愿。

黑：hek，揭。"黑"是同音字。

丫空：ōkong，做无用功，完全没用。"丫"是同音字，"抓"的意思。

硬柴：木柴。

瞎七搭八：胡说八道，瞎胡来。

瘪三：biksé，流浪汉，乞丐。

晓得好恘：懂得事理，知道什么是好，什么是坏。恘，qiū，坏的意思。与"丘"同音。

多勒：这里的意思是"多了去了"。

练 习

1. 读出下列词语并解释。

媒婆、看相、小老母、讨、来得正好、恶死做、尺贡、硬做、黑、丫空、硬柴、瘪三

2. 将下面的小故事用苏州话讲出来。

北风和太阳的故事

有一回,北风跟太阳在那儿争论谁的本事大。正吵着呢,来了一个走路的人,身上穿着一件厚厚的棉袍。他们俩就说好,谁能先叫这个走路人脱下他的棉袍,就算谁的本事大。北风就拼命地刮了起来,但是他刮得越利害,那个人就把棉袍裹得越紧。到后来北风没有办法,只好算了。一会儿太阳出来,使劲一晒,那个走路的人马上就把棉袍脱掉了。所以北风不能不承认还是太阳比自己本事大。

第二部分　词语　俗语

常用词语补充

　　本书第一部分课文中已提供了许多苏州话日常口语中有特色的词语。为使读者尽量掌握更多的这类词语，使大家学到更丰富的苏州话，这里再提供一些词语，特别是"常用俗语"都十分生动，期望读者多学多说，最终能说出一口地道的苏州话。

　名词

　河滩浪　河边，多指有人工砌成河埠的河岸。如：俚辣～汏衣裳。

　水凼　sỹdang，地面积水。

　冷水　凉水。

　滚水老　开水。现在多说"开水"。

　巷　ɑ̂ng，比街窄的道路，两边一般都是住家，没有商店，是苏州城区最常见的道路。

　城门洞　城门的门洞。

　阎王路　特别不好走的路。

　杨柳树　yánloushy，① 柳树；② 也可指杨树，二者不分。

　笋　sèn，竹笋。

　冬笋　冬天挖掘出的竹笋。

　茉莉花　多用于花茶的花。

南瓜　常见的瓜,有的地方叫倭瓜、北瓜。
葡萄　begdào,"葡"发音特殊。
蒲桃　核桃。
荸荠　begshì,注意发音。
长生果　花生(带壳的)。
香瓜子　葵花子儿。
羊妈妈　yánmama,儿语"羊",成年人也说。
猪□□　zȳlolo,儿语"猪",成年人也说。
鸡瓜瓜　jīgogo,儿语"鸡",成年人有时也说。
鸭连连　atliélie　儿语"鸭子",成年人也说。
白乌龟　bagwùju,鹅。
老鸦　láo'o,乌鸦。
活狲　wegsèn,猴子。
老虫　老鼠。
蚕宝宝　蚕。
蚂米　mómi,蚂蚁。
才蝍　sézik,蟋蟀。
知了　zȳliao,蝉。
蝴蝶　wúdik。
蜻蜓　sīndin,"蜻"发音特殊。
金鲫鱼　jīnzin'ng,金鱼。"鲫"在这里发音特殊。
虾仁　hōnin,去掉头和壳的鲜虾肉。"仁"白读。
棉花胎　棉被的胎。
单被　床单。
褥子　niogziì。
席　席子。
筷儿　kuē'ng,筷子。也可说"筷"kuē。
砧墩板　砧板。
抹布　megbù。

嫂嫂　嫂子。背称叫"阿嫂"。

弟新妇　弟媳。第二个字不是"媳"。

堂房阿哥　堂兄。

堂房兄弟　堂弟。

堂房阿姐　堂姐。

堂房妹子　堂妹。

表阿姐　表姐。

儿子　nízii。"儿"白读。

阿侄　akzhek,侄子。

外甥　ngásan,① 姐妹之子；② 女儿之子,即外孙。

烧　做(饭菜)。如：～饭、～小菜。

素小菜　素菜。

拣菜　gè cě,择菜。

冷气肉　冷藏的肉。

热气肉　新鲜的,没有冷藏过的肉。

蹄髈　dípang,肘子(猪腿靠近身体的部位)。

脚爪　jiakzào,猪蹄。

坐臀　súden,猪后腿肉。

夹心　gatsín,猪前腿肉。

熟肉　sogniok,统称卤菜。

拆烧　caksáo,一种卤制的肉,都是瘦肉。

肋条　legdiào,带肋骨的肉。

肚子　dǔzii,猪肚。与"肚皮"dúbi的"肚"发音不同。

门枪　méncian,当食物的猪舌头。

鸭肫肝　atzén'goe。

煸　biē,烹调方法,～青菜炒白菜。

酸醋　醋。

料酒　做菜用的酒,多用黄酒做料酒。

绵白糖　颗粒很细的白糖。

砂糖　颗粒较粗的白糖。

嘴干　口渴。

卖相　相貌。也说"长相"。

酒水　zǒusy,喜酒,也泛指酒宴。注意,现在普通话"酒水"是指宴席上的饮料,跟苏州话的"酒水"含义不同。

吃酒水　喝喜酒。

新官人　新郎。

新娘娘　新娘。

有喜　怀孕。较通俗的说法是"拖身体"。

大肚皮　孕妇。

养小人　生孩子。

做舍姆　zù sǒ'm,坐月子。

舍姆　sǒ'm,产妇。

吃奶奶　吃奶。

寻死路　自杀。

天老爷　老天爷。

阎六王　niélokwang,阎王。

灶家老爷　zāokalaoya,灶王爷。

站头　"车站"的"站"。如:车子停辣～浪车停在站上。

老爷车　老出毛病的车,比喻像老爷那样要人伺候。

篷　bóng,帆。

篙子　gāozii,竹篙。

跳板　tiāobe,连接船和河岸间的狭长木板。

学堂　ogdàng,学校。

砚岳　niéngok,砚台。

零汤团　零分。

一划　yikwat,一横。

边帮　偏旁。

草头黄　cǎodhouwang,苏州话"黄、王"同音,都读 wáng,所以在说明姓哪个 wáng 时,要说明此字的结构。

三划王　sēwatwang,参看草头黄。

游戏用语

伴孟孟　boémanman,捉迷藏。

猜谜谜子　cē mémezii,猜谜。

采东采　cědongce,两人决定先后的游戏,通称"剪子、石头、布"。孩子们玩儿时,口中不断说"采东采"。

拼灵碰冷取　pīnlin pānlanci,多人决定先后的游戏,通称"手心、手背"。孩子们玩儿时,口中不断说"拼灵碰冷取"。

踢究踢　tik jiūtik,踢毽子。"究踢"即"毽子"。

捉贴子　zok tikzii,抓子儿的"子儿"

造房子　跳房子。

跳牛皮筋　跳猴皮筋儿。

挑绷绷　tiāo banban,一种用手指玩绳子的游戏。

打弹子　弹球儿。

削水片　打水飘儿。

车铁箍　滚铁环。

扯铃　cālin,抖空竹。

贱骨头　陀螺。

掼铃角　gué lingok,"铃角"是一种类似陀螺而稍大的玩具。

掉龙灯　diáo longden,舞龙灯。

荡河船　跑旱船。

扭秧歌　niù yān'gu。

放鹞子　放风筝。

着棋　zak jí,下棋。

豁拳　huat jioć,划拳。

掷骰子　sag dóuzii。

叉麻将　cō mózian,打麻将。

动词

奔　bēn,奔跑。

立　站立。如：我～辣外头<small>我站在外头</small>。

敲　kāo,不很用力地打。如：～俚一记<small>打他一下</small>。

拾　sig,捡。这里读音特殊,当"十"解时读 seg。还有老的说法叫抔<small>老</small>,ngeg。

踏　dag,踩踏。如：～仔我一脚<small>踩了我一脚</small>。

看野眼　koēya'nge,该看的东西不看,而看不相干的东西。

赤膊　cakbok,光膀子。"赤"白读,另有文读 cek。

认得　认识。

吓　害怕。如：倷蛮吓。

牵记　挂念。

发极　因没达到目的而着急、胡来。如：弗拨俚去佬～哉<small>不让他去(所以)着急了</small>。

光火　guānhu,发火。如：一听就～！"光"在这里读音特殊。其他地方都读 guāng。

嫌鄙　yébi,嫌,不满意。如：～物事弗好<small>嫌东西不好</small>。

掉弗落　diáofeklog,(心中)丢不下。

眼热　ngénig,羡慕。也可说"眼红"。

弗响　不吭气儿。如：搭俚讲闲话,俚终归～<small>跟他说话,他总是不吭气儿</small>。

回头　① 回绝。如：拨我～脱哉<small>给我回绝了</small>；② 回应。如：去勒弗去侪应该去～一声<small>去不去都应该给人家一个回音</small>。

吃排头　qik bádou,挨批评。"排"是同音字。

唊嘴舌　gat zy̌seg,搬弄是非。

旺东道　wàng dōngdao,打赌。如：搭倷～<small>拿跟你打赌</small>！"旺"是同音字。

打葛伦　dàn geklěn,说话时突然停一下。如：闲话讲得快得弗得了,葛伦匡弗打一个<small>话说得快得不得了,一点儿停顿都没有</small>。"葛伦"是同音字。

坍　tē,塌。如：房子～脱哉<small>房子塌了</small>！

(物事侪)发(出来)　(东西都)一件件往外拿。

其他动词

揩油　占便宜。如：亦要来～哉又要来占便宜了。

寻开心　开玩笑。也可说"漏"lôu、"漏字相"lóubegsian。"漏"是同音字。

挽　wè,私人间的有偿转让。如：倷双鞋子～拨仔我吧你这双鞋让给我吧。这是同音字。

掀　xiē,炫耀、得意。如：着仔件新衣裳,一直勒海～拨别人看穿了件新衣服,一直在向人炫耀。这是同音字。

掮　jié,跟人攀比。如：勥去～别人家别去跟人家攀比。这是同音字。

受　sôu,攒。如：～铜钿攒钱。这是同音字。

极　jig,在比赛、游戏中耍赖、作弊。如：打牌勥～! 这是同音字。

扒　bó,折腾。如：有仔两个铜钿,～杀哉有了几个钱,老折腾。

打葛　dàn gek,兜售。如：俚葛菜卖弗脱哉,拼命葛勒浪～拨别人他的菜卖不了了,拼命地在兜售给人家。

难为　破费。如：～仔三百只羊破费了三百元。"难为"也可说"搞落"gáolok。

出道　学徒学成初成气候。如：倷米勒,还勥～勒你早着呢,还没成气候呢。此词现在从香港传回来,其实最早来自上海。

辑理　ciklì。调理、打扮。如：拿个囡儿～得实头好葛把女儿调理得真好。

拉倒　放弃努力,"算了"。

弄松　捉弄。如：勥去～别人别去捉弄人家。

欺瞒　欺负。

坍台　tē dé,丢脸。

弗碍　fekngě,没关系,没事儿。

阔　宽。如：马路蛮～。

潮　衣裳沰～则衣服淋湿了。

荫　yǐn,似比"冷"更强调温度低。如：水荫得啦水真冷啊。原来多认为此字是"瀴",后有学者认为应是"荫",我们认为是对的。

壮　zǎng,①肥。如：鸡蛮~；②胖。如：人蛮~。

精　（做食物的肉）瘦。如：~肉。

牢　① 牢固。如：只台子做得蛮~葛；②"打中"的"中"。如：~哉（球打）中了！③ 结果补语。如：看~俚看住他！

龌龊　okcok,脏。

乡气　土气。如：俚件衣裳有点~。

便热　biénig,① 同"强"；②（占）便宜。如：覅去荞别人家~别占人家便宜。

回潮　返潮。如：黄梅天房间里~得来。

舒齐　① 指环境舒适整齐；② 事情办妥。如：事体侪~则事情都办妥了。

滑肠　wagshàn,能起通便作用。如：香蕉吃仔~葛。

风坚　食物的外表风干。如：年糕放仔两日~哉年糕放了几天风干了。

见数　jiēsu,数量少。如：我挣点工资是~葛。也可说"有限"yôuye,"限"文读,比较特殊。

笔挺　形容很挺。如：西装~。

必静　形容很安静。

冰荫　冰凉。

□　gên,(脾气)犟。如：脾气实头~葛脾气真犟。

戆　gâng,傻。

拗　ǎo,口音特别。如：口音有点拗口音有点特别（即不是本地话）。

要好　yāohao,(关系)好。如：俚笃两家头来得个~他们俩（关系）好得很。

巴结　努力、勤奋,褒义,没有"讨好人"的意思。如：做事体蛮~葛。

把细　（做事）仔细。

百抓　bakzá,笨手笨脚,什么都做不来。如：做点事体总归~葛做点事总是笨手笨脚的。

吃香　吃得开。

乖　（孩子）听话。

厌　yě,淘气。如：个小人~是~得来这孩子真淘气啊。这是同音字。

也可说"皮"。

嗲　dià，撒娇的样子。如：㑚小娘儿～是～得来！

有清头　（孩子）懂事。如：倷笃儿子年纪末小，蛮～葛你儿子年纪小，挺懂事的。注意，不能单说"清头"。

无清头　ḿcindou，（孩子）不懂事。

促掐　cokkat，刁钻。

大气　dúqi，不吝啬。

小气　吝啬。

小乐惠　小小的享受。如：每日吃点酒，～。

道地　dâodi，办事认真周到。如：做点事体真～。

登样　dēnyan，像个样子。如：件衣裳着辣俚身浪倒蛮～葛这件衣服穿在他身上倒蛮好看的。

笃定　dokdǐn，非常放心。"笃"是同音字。

尴尬　gēga，左右为难，神态不自然。

苦恼　可怜。如：㑚个告花子蛮～。注意，没有普通话"苦恼"的意思。

海会　hēwe，自鸣得意、夸耀。如：倷看俚哩，～杀哉你看他啊，得意极了。两个都是同音字。

活灵　机灵，反应快。

邋遢　ladtat，脏，多指人。

懒聊　懒惰，不爱整洁。

无料　ḿliao，不好好过日子，乱花钱，不承担家庭责任。"无"必须读白读。

老茄　láoga，年轻人充资格老、什么都懂。如：小赤佬覅～你小子别充老资格！也可说"老三老四"。

懒怕　怕做事：哀两日～得啦这两天很怕做事。

罗皂　lúshao，嘈杂。如：课堂里～得啦教室里真嘈杂。

落拓　logtok，不修边幅。

孟门　mánmen，蛮横。两个都是同音字。

怕难为情　腼腆。如：䞍个小娘儿～煞葛这女孩子腼腆得很。

排曹　báshao,丢人现眼。如：看䞍注触腔,阿要～啊这种讨厌相,多丢人!

标致　漂亮,只适用于女性。

难看　主要指人,男女都适用,也可指物。

窝心　wūsin,心中满意舒适。现台湾地区说的"窝心"即来自此。

下作　下流。

厌气　yēqi,寂寞。如：日朝关辣房里,～杀哉天天关在屋里,真寂寞。

硬横　ngánwan,硬气,不服软。如：人末小,倒蛮～葛人虽然小,倒挺硬气。

做作　zūzok,做秀。如：样子弗自然,忒～则。注意,这两个字发音完全不同。

贼腔　seqqiàn,行为举止丑。如：看俚䞍种样子,阿要～!

角灵灵　goklínlin,形容穿得特别端正,有讽刺义。如：倷看俚今朝要去见丈母娘,着穿得～。略有讽刺义。三字都是同音字。

白瞭瞭　(脸色)苍白。

直独独　直来直去,略有贬义。如：讲闲话弗好䞍场～葛。

扁塌塌　形容扁。

瘪搭搭　形容干瘪。如：袋袋～,意思是身上没有钱。

壮满满　形容人有点胖,但不是过胖,是褒义。

寒势势　形容身上发冷。

酸济济　形容味觉酸,嫌滋味不好。

咸溜溜　形容味道略咸。

圆兜兜　形容东西的形状带圆形。

肥笃笃　多指吃肥肉时的感觉。旧时条件差,吃肉不易,所以这是褒义。

轻同同　轻轻儿地。

青其其　形容蓝绿色,常用于脸色不好：面孔～。近似北方话"脸发绿"。

苦因因　形容味道苦。
厚得得　主要形容流体的黏度稠。如：粥烧得～。
水罗罗　水灵灵，主要形容人(多指女孩子)的眼睛或皮色。
瘦怪怪　形容人长得瘦。
壮满满　形容人长得胖，以前的观念人胖说明生活好、身体好，所以这是褒义词。
硬绷绷　形容硬。
吓势势　形容心里害怕。
险零零　形容危险，差一点儿遭殃。如："～拨辣汽车撞着。"
笃悠悠　形容行动或心情悠闲，完全不着急的样子。
辣豁豁　形容味觉辣，或皮肤表面痛的感觉。
雪雪白　雪一样的白色。
虚虚红　形容红的颜色。
生生青　主要形容未成熟的水果，如苹果的颜色。
碧碧绿　形容绿的颜色。
绝绝薄　形容东西很薄，如纸、布之类。
绷绷硬　研究硬，程度比"硬绷绷"高一些。
冰冰荫　形容温度低，多指水温。
沸沸烫　形容温度高得烫手，多指水温，或者如刚出笼的馒头之类。也指发烧时的体温，如：额角头～。
瑟瑟抖　形容人发抖的样子。
碌碌乱　形容很乱。如：屋里向弄得～。
血血叫　臭得令人难以忍受。如：味道～。
拍拍潽　pakpakpu,形容非常满。
独独煎　dogdogzie,形容水沸腾。
热炯炯　nigdòngdong,形容热，褒义。
汤汤渧　tāntandi,形容湿透。如：身浪沰得～身上淋得湿透了。
好货　好东西。
老爷货　老出毛病，像老爷那样要人伺候的器物。

丑脱货　doktekhu,废物。

落脚货　很差的东西。

触当货　质量不合标准的货或假货。

假老戏　假货。

空屁　空的,什么都没有。

外快　意料以外的好处。

气力　力气。

生腥气　sānsinqi,有的食物因半生不熟,会有一种生的气味,如没有完全炒熟的花生米。

泥土气　① 指食物有类似泥土的异味。如：泥鳅吃起来有～葛,苏州人是朆吃葛泥鳅吃着有泥土气味,苏州人是不吃的；② 心理上的厌恶、惧怕。如：昨日出门就碰着别人出棺材,心里～得啦。

酒扑气　人喝了酒后口中呼出的酒气。

落汤鸡　形容浑身湿透的人。

大家　dága,大伙儿。

自家　síga,自己。

别人家　begnìnga,也可说"别人"begnìn,"人家"nínga。

该个　gēgek,这个。

归个　guēgek,那个。

哪里个　lôligek,哪个。

几时　jìshii,哪一天。如：倷～来葛你哪天来的？"时"发音特殊。一般应读 zy。

啥个　什么。如：哀个这个是～字？｜～事体什么事情？

倷葛　我的,我们的。

倷爷　我爸。如：～今年60岁。

倷葛　你的。

侪笃爷　你爸。如：～阿辣屋里你爸在家吗？

该点　这些。

归点　那些。

哀种　这种。

倷笃两家头　你们俩。

俚笃两家头　他们俩。

夫妻两家头　夫妻俩,也可说"夫妻淘里"。

娘两个　娘儿俩(母子或母女)。

爷两个　爷儿俩(父子或父女)。

姑嫂淘里　姑嫂们。

婆新妇淘里　婆媳俩。

弟兄两家头　兄弟俩。

弟兄淘里　兄弟们。

姊妹两家头　姐妹俩。

姊妹淘里　① 姐妹们；② 兄弟姊妹们。

就　sôu,此字与普通话意思、用法都一样。如：我吃仔饭～去。

还　é,或读 wé,俚～朆转来他没回来。

再　zē,明朝～来。注意,此字读阴平。

穷　副词,非常。20世纪60年代出现的说法。

交关　jiāogue,非常。

甚忙　sénmang,过分。如：吃得～饱弗好吃得过分饱不好。也可说"过分"gǔfhen。

触爬　cokbhò,恐怕。如：～要落雨则。两个字都是同音字。

弗作兴　不应该。如：～骂人葛不应该骂人。

刚刚　刚,指时间。如：俚～来。也可说"刚正"。

共总　总共。

一塌括子　yiktatgatzii,一古脑儿。如：～侪勒海哉一古脑儿全在(这里)了。

一起手　一下子,总共。如：～吃仔三碗饭。

毛毛叫　将近。如：～三十斤将近三十斤。

即莫　zikmok,即将。如：～要好快哉马上就要完(完成、结束)了。

险佳乎　xièjiawu,差点儿。也可以说"佳险乎"jiāxiewu。

亏得　qūdek,幸亏。如:~我老早有准备。"亏"白读。

难板　难得。如:倷~来葛。

直头　segdòu,① 果真。如:~弗来则果真不来了;② 真:今朝葛菜~灵葛今天的菜真好。

顺带便　顺便儿。

一埭路　一路上,一边……。如:~走、~吃一边走,一边吃。

一家头　一人,独自。

一径　yikjǐn,一直。如:~住辣苏州。

难信道　难道。如:~俚会得骗我?

侭让　zìnnian,尽自。如:弗好~拨俚孛相葛不能尽让他玩儿。

先弗先　首先。如:~俚就弗肯去首先他就不愿意去。

阿有介事　atyòugashii,有这回事吗?

呆板数　ngébesu,确定无疑。如:~八点钟上班。苏州话"呆"读ngé,不读dē。

呆呆调　ngé'ngediao,恰恰。如:一跤跟朵~跌辣水凼里一跤恰恰摔在水潭里。

勥客气　fiǎokakqi,甭客气。

对弗住　对不起。

弗要紧　没关系(应答语)。

再会　再见。

好葛　表示同意对方,行(应答语)。

只　zek,净。如:~吃菜,弗吃饭。也可说"摊"tē、"摊摊"tēte。

终　zōng,大约。如:~会得来嘎大约总会来吧?

非但　不但。也可说"弗但"。

两号　liân'ao,二号。不说"二号",但书写时写成"二号"。

廿　niê,也可以说"二十"érsek。"十"在这里发音特殊。苏州人常将"廿"写成"念"。

廿五　niá'ng,二十五。"廿"在这里发音特殊。

三十　sēsek,"十"在这里发音特殊。

三十五　sēso'ng，"十"在这里发音特殊。

一百零两　一百零二。

一百十　一百一十。

一百十一　一百一十一。

二百五　érbakwu，喻指傻瓜。"二"和"五"都用文读。

两百五十个　二百五十个。

一万两　一万二千。

两家头　两个人(强调二人关系好)。如：弟兄～要好煞兄弟俩很好。

两斤　二斤。

二两　nîlian。

两尺　二尺。

两里　二里。

多个　dāgek，好几个。"多"发音特殊。

个把　gūbo，一个左右。"个"在这里读音特殊。

三四个　sāsiigek，"三"在这里发音特殊。

七八个　cābokgek，"七"在这里发音特殊。

靠十个　十来个。

一沰沰　yikdokdok，很少一点儿。

搭　dat，① 和，如：我～俆侪是苏州人；② 跟，如：我～俚一淘去我跟他一块儿去；③ 替，如：俆～我写封信。

难　né，连词，承接前句，相当于"这下"。如：～弄弗落则这下弄糟了！这是同音字。

拿　nó，把。如：～门关好。

朝　sáo，俚勒海～我笑他在对我笑。

问　mên，① 问，如：～俚一个问题；② 向，如：～俚借本书。

从　sông，声调是阳去。如：～今朝起。

呢　neg，大体跟普通话的语气助词"呢"同音、同义。

喔哟　ōyo，感叹词。

歇　xik，表示已发生的助词。

常用俗语

扳错头　找茬。
搭架子　摆架子。
掉枪花　偷梁换柱，弄虚作假。
掼纱帽　辞职不干。
拆烂污　cakléwu，做事不负责任。
做人家　节约。如：蛮～葛｜弗大～。
豁零子　huat línzii，暗示别人。
吃豆腐　主要用言语挑逗妇女。
度死日　工作不积极、不负责，混日子。
卖关子　说到事情的紧要、关键之处，故意停下不说。
轧苗头　gad miáodou，察言观色。
听壁脚　偷听人家说话。
出批头　走或跑得很快。
无心想　ḿsinsian，没有心思和耐心。
挑挑俚　意为让他占了便宜，算他运气好。"俚"可以换成其他表人的名词。如：电影票拨俚吧，～电影票给他吧，算他运气。
弗像则　① 不像了；② 不成样子了，引申为情况变得很糟糕。如：孬个小人现在是～这孩子现在变得很糟。
弗犯着　犯不着。
弗领盆　feklìn bén，不服输。如：终归～_{总是不服气}。"盆"是同音字。
弗入调　不守规矩。
好说话　随和、不挑剔。如：俚笃爷蛮～葛_{他爸爸很随和}。

无妈用　m̄mayong，没用。如：哭匪～哭也没用。"妈"是同音字。

沐泰山　① 苏州著名中药店；② 比喻人行动迟缓。如：真是个～，到现在还摸弗出到现在还在磨蹭。

交叉过　gāocogu，交叉而行。如：两部车子～。

人来疯　孩子在家里来客人后特别兴奋，爱嬉闹，这种现象称为"人来疯"。

鸡头浑　头脑一时不清。

鸭屎臭　本来的好事出了一个很糟的结果。

张晓得　天知道。如：～俚勒海做啥天知道他在干什么。

肚肠痒　嫌人行动太慢而着急。如：俚手脚忒慢，看俚做事体～葛。

老茧起　重复过多而让人厌烦。如：倷瓣两句闲话听得我～哉你这两句话听得我厌烦了。

懒屁股　坐在人家那里不想走的人。

喇叭腔　①（承诺的事）不兑现、耍赖，如：俚弄弄就要～葛他往往就要耍赖的；②（事情）不行，如：瓣桩事体亦～哉这事儿又黄了。

真家伙　够呛。如：日朝要三点钟起来是～天天要三点钟起床是够呛。

矮模样　ǎmoyan，差不多、将近的时候。如：辰光～哉，快点走吧时间差不多了，快点走吧。也可以说"模样"móyan。"矮"是同音字。

尴尬戏　令人为难的状况。"尴尬"是形容词。

弄弗落　（事情）没法收场。

拎弗清　糊涂，贬义色彩比糊涂强（"弗"可换成"得"：拎得清，不糊涂）。如：倷再好好叫想想，勥～你再好好地想想，别糊涂。

意弗过　过意不去。如：一径讨厌别人家，阿要～佳一直麻烦人家，多过意不去。

熟着法　sogsagfat，遇见什么是什么，偶然的。"熟"是同音字。

烂污糟　耐脏。如：哀件衣裳葛颜色蛮～葛这件衣服的颜色挺耐脏的。

直拔直　直来直去。

把小心　小心。如：做事体～煞葛做事小心得很。

马件件　mójiejie，不受欢迎的热心和帮忙。如：倷勥登勒浪～则，

别人家弗欢迎 你别在那儿瞎帮忙了,人家不欢迎。三字都是同音字。

  一来兴 yikléxin,一下子。如:～就好则。
  六席惹 logsigsha,一团糟。如:难弄得～哉这下可弄得一团糟了。
  痴头怪脑 疯疯癫癫。
  弹眼落睛 引人注目。
  敲钉钻脚 对于对方已经同意的事,还追着不放,要求绝对保证。
  牵丝扳藤 性格不痛快。
  添油加酱 添油加醋。
  浓油擦酱 指菜肴油多色泽浓重,意为十分鲜美。
  脱头落襻 丢三落四。"头、襻"指中式衣服布制的"纽头、纽襻"。
  缠弯里曲 一件事情曲折的来龙去脉。
  横阔竖大 又长又宽又大。如:哀只床～,捺亨放得落这张床又长又宽,怎么放得下。
  绢光滴滑 形容很光滑。
  勒杀吊死 斤斤计较,形容吝啬。
  说来话去 说来说去。
  当着弗着 dāngsagfeksag,该做的不做,不该做的做了,没有准儿。如:俚～葛,倷弄弗清爽葛他没有准儿,你弄不清的。
  神之乎之 糊里糊涂,神魂颠倒。也说"神之也乎","也"读"野"。
  甜葛咸葛 泛指好吃的东西。如:一百块洋钿拨倷买点～吃。
  一天世界 东西到处都是,不可收拾。
  一和细丝 均匀细致。
  指点戳三 指指点点。如:覅朝别人家～。
  跌搭四冲 跌跌撞撞。
  奇出八怪 稀奇古怪。
  派头一六 pādou yiklok,派头非常大,略有讽刺义。如:俚出门总归～。
  搞七廿三 纠缠不休。
  弗二弗三 不三不四,不伦不类。也可说"弗三弗四"。

五爪金龙 wūzaojinlong，比喻手，多指不干净却要抓东西吃的手。如：倷双～，快点去汏汏勒来吃吧你这爪子快洗干净了来吃吧。

  六缸水混 乱成一团。

  三角六球 物体形状为不规则的多面体。如：辩物事～葛，放匣弗好放这东西形状不规则，没法放置。

  七翘八裂 闹别扭，无法沟通。

  傍七傍八 彼此彼此，谁也不比谁更好。

  千多万谢 ciēdumeshia，感激不尽。"万"白读。

  横冷横冷 wânlanwanlan，形容说话声音大。注意发音跟普通话差别较大。

  白添白添 翻白眼的样子。如：倷眼睛～，勒海想啥？

  徐坐徐坐 síshushishu，坐立不安，不能单说"徐坐"。如：倷看俚～葛样子，书一滴滴匣看弗进你看他坐立不安的样子，书一点儿也看不进去。

  扶寿扶寿 fûshoufhushou，心绪不宁，不知道做什么好。都是同音字。

  □掐□掐 matkatmatkat，形容钞票多。如：俚袋袋里葛铜钿是～勒海。第二、四字是同音字。

  汗毛凛凛 寒毛肃立，害怕。

  贼脱希希 segtekxixi，嬉皮笑脸。

  贼骨牵牵 segguekqieqie，贼头贼脑，多指故意装出的可笑模样。

  硬起壳翘 纸盒之类的东西太硬，翘起来，不平整。

  武头劈拍 指人（多指女孩子）爱打闹，不文静。

  瘪的申司 bikdiksensii，多指人身上没有钱，口袋是瘪的。

  花里□辣 hōlibatlad，花里胡哨。

  淡滋刮搭 déziiguatdat，形容滋味很淡。

  厚脂纳得 óuzy nekdek，形容东西很厚实、牢固，引申为人行事过分客气，令人腻味。也可说"厚脂黑纳得"óuzy heknekdek。"厚"后的字都是同音字。

  破注落索 pūzyloksok，破破烂烂。"破"后的字都是同音字。

杂葛龙冬　seggeklòngdong，杂七杂八。

腻子夹冻　níziigatdong　各种东西和在一起，分不清。多指饭菜，也可比喻事情混淆不清。

小即玲玲　siǎoziklinlin　小得玲珑可爱，多指女性身材。

书乎腾腾　sȳwudhendhen　形容书呆子的样子。

下面13个词都是前三个字形容最后一个字：

血碰大红　xuekpǎndu'ong　很鲜艳的红色。

夹燎丝白　gatliáosii bag，苍白。"白"前的字都是同音字。

蜡插焦黄　ladcat ziāo wáng，也可说"插蜡焦黄"catlad ziāo wáng。

笔立司直　笔直。"司"同音字。

擦光全新　崭新。

刮辣松脆　① 东西很脆；② 喻性格非常爽快。

百葛来皱　bakgekle zǒu，形容非常皱。如：㾗件衣裳拨俚坐辣身体底下，坐得～。

的角四方　标准的正方形。

热吹颇烫　nigcỳpu tǎng，热得发烫，多用于饭菜。

的力滚圆　diklikgùn yoé，形容很圆。

闸刮铁硬　sadkuattik ngǎn　形容非常硬。也可比喻人的性格强硬。

老里□早　lâlibatzao　形容时间很早。

绢光的滑　jioēguangdikwuat　形容很光滑。

生青碧绿　翠绿。

绷硬笔挺　bānnganbiktìn，形容又硬又挺拔，可以指东西，指人的时候就是指死人。

方棱出角　形容标准的正方形，可比喻人过分的正派，以至古板。

心心挂念　一刻不忘。

疑惑疑之　犹疑。如：心里向有点～。
的的刮刮　dikdikguatguat，的的确确，绝对正宗。如：伲是～葛苏州人。
陌陌生生　很陌生。也可说"陌陌户头"。
断气喇叭　形容说话断断续续。
笃定泰山　高枕无忧。
珠花野味　zyhoyami，心不在焉。如：看书末麭～看书别心不在焉。
灰毛落拓　衣服之类因灰尘而没有光泽，不美观，也可引申指人穿这样的衣服而没有精神。
灰尘白塳　huēshenbagbong，形容灰尘很多。
踏杀蚂蚁　形容走路太慢，"蚁"读如"米"。
困思梦东　睡眼朦胧。
冤枉年障　yoēwangniezan，冤枉，白干，白费力。后两个字是同音字。
瞎说贴出　胡说八道。
贼弗空手　批评人不停地捣鼓、折腾。
真崭实货　一点不掺假的东西。
劈虚当中　正中间。如：立辣～站在正中间。
别立火尖　biglighùzie，急不可耐。如：登辣边浪催牢勒海，～就要在旁边催着，立等就要。四个字都可能是同音字。
摇丁活络　摇晃，不稳。如：该只凳子～葛，弗好坐哉。
私皮夹账　难以见人的隐私。
少成出见　少见的，贬义。
小家排气　小家子气。
扣料恰水　过分地精打细算。如：一个月只拨我三百块，～，捺亨用法？
冰荫结骨　透心凉。
吊儿郎当　普通话中的此词可能本来自吴语。
呆头木屑　呆头呆脑。

昏头瞎脑　昏头昏脑。也可说"昏头搭脑"。

老鬼失辟　内行上当,带有嘲笑义。如:连倷匣会上当嘎?真是～哉。

荐荐上路　ziēzieshanglu,得寸进尺。如:倷覅～你别得寸进尺。"荐",义为"占"。

红白团穿　脸色白里透红,形容人气色好。

临时完结　到末了儿。如:答应得蛮好,～喇叭腔则答应得好好的,到末了儿黄了。

死蟹一只　走投无路。如:恼末～这下走投无路了!

毛里有病　即有毛病,多用于比喻义。如:我看该桩事体是～勒海 我看这事儿内部有问题。

吃俚弗杀　猜不透他。

有道理葛　yóudaoligeg,指有办法、有本事。如:小王是～小王有本事、能干。如果指有道理,则发音不同:yôu dáoligeg。

一个批头　形容到某地去时行动迅速,途中不停留。如:～奔到观前。

附录一 苏州话拼音方案

一、声母表(18个)

b	不/勃	p	泼	m	墨	f	弗/佛
d	得/特	t	脱	n	纳	l	勒
g	革/辖	k	克	ng	核	h	黑/合
j	基/旗	q	欺	n	泥	x	希
z	资	c	雌			s	思/词

说明:

(1) 斜线前的例字代表清声母,斜线后的例字代表浊声母。

(2) 如声母后带h,表示声母是浊的。

(3) "纳"和"泥"读音不同,但用同一个字母n表示。

二、韵母表(44个)

		i	衣	u	乌/符	ü	于
a	挨	ia	呀	ua	哇		
o	丫白	io	亚白				
e	哀	ie	烟	ue	弯		
ao	凹	iao	腰				
oe	安	ioe	鸳	uoe	完		
ou	欧	iou	优				
y	汝						
an	罋	ian	央	uan	横		

续表

en	恩	in	英	uen	温	ün	云	
ang	肮	iang	旺白	uang	汪			
ong	翁	iong	雄					
at/ad	鸭白/盒	iat	甲文	uat/uad	挖/滑	üad	日	
ak/ag	压/额	iak/iag	约/药	uag	□			
ek/eg	遏/合	ik/ig	一/叶	uek/ueg	忽/活	üek/üeg	血/越	
ok/og	屋/学	iok/iog	育/浴					

说明：

(1)"乌"和"符"的韵母实际发音不同,都用 u 表示。其他带斜线的韵母和例字,斜线前是阴入调,斜线后是阳入调,韵母发音相同。

(2) uag 韵母的例字写不出汉字,用在"～一"一词中,表示猛然想起。如：～一,想着哉！

(3)"资、雌、思"三音节的韵母用 ii,分别拼作 zii、cii、sii。

(4)"尔"音节写成 er。

(5) i 行韵母前面没有声母时,i 写成 y,但 i、in、ik/ig 韵母写成 yi、yin、yik/yig。

(6) u 行韵母前面没有声母时,u 写成 w,但 u 韵母写成 wu。

(7) ü 行韵母前面没有声母时,ü 写成 yu,ü 上两点省略。

(8) ü 行韵母跟声母 j q x 拼的时候,写成 ju qu xu,ü 上两点也省略;但是跟声母 n 拼的时候,仍然写成 nü。

三、声调符号(7个)

阴平	上声	阴去	阴入
‾	ˋ	ˇ	—k/—t

阳平		阳去	阳入
´		˜	—g/—d

说明：

声调符号标在音节的主要母音上，入声不标，但在音节的最后有 －k/－t或－g/－d。例如：

新 sīn　　　醒 sìn　　　信 sǐn　　　雪 sik

寻 sín　　　　　　　　静 sín　　　席 sig

附录二 苏州话拼音与国际音标对照表

一、声母

b [p/b]　　p [pʰ]　　m [m]　　f [f/v]
d [t/d]　　t [tʰ]　　n [n/n̠]　　l [l]
g [k/g]　　k [kʰ]　　ng [ŋ]　　h [h/ɦ]
j [tɕ/dʑ]　　q [tɕʰ]　　　　　　x [ɕ]
z [ts]　　c [tsʰ]　　　　　　s [s/z]

二、韵母

ii [ɿ]	i [i]	u [əu/v]	ü [y]
a [a]	ia [ia]	ua [ua]	
o [o]	io [io]		
e [E]	ie [ɪ]	ue [uE]	
ao [æ]	iao [iæ]		
oe [ø]	ioe [iø]	uoe [uø]	
ou [øɤ]	iou [ɤ]		
y [ɥ]			
an [ã]	ian [iã]	uan [uã]	
en [ən]	in [in]	uen [uən]	ün [yn]
ang [ã]	iang [iã]	uang [uã]	
ong [oŋ]	iong [ioŋ]		
at/ad [aʔ]	iat [iaʔ]	uat/uad [uaʔ]	üad [yaʔ]
ak/ag [aʔ]	iak/iag [iaʔ]	uag [uaʔ]	

续表

ek/eg[əʔ]	ik/ig[iəʔ]	uek/ueg[uəʔ]	üek/üeg[yəʔ]
ok/og[oʔ]	iok/iog[ioʔ]		

三、声调

阴平	ˉ	[˦]	44	阳平	ˊ	[˨˨˧]	223
上声	ˋ	[˥]	51				
阴去	ˇ	[˥˨˧]	523	阳去	ˆ	[˨˧˩]	231
阴入	－k/－t	[˦˧]	43	阳入	－g/－d	[˨˧]	23

附录三 音节表

A		bad	拔	bén	盆
ā	啊	bag	白	bèn	本
á	鞋	bak	百	běn	苯
à	矮	bān	浜	bên	笨
ǎ	□	bán	棚	bī	屄
ad	狭	bǎn	泵	bí	皮
ak	压	bân	甏	bì	比
ān	醃	bāng	帮	bǐ	闭
án	杏	báng	旁	bî	避
āng	肮	bàng	绑	biāo	标
áng	杭	bâng	棒	biáo	瓢
âng	巷	bāo	包	biào	表
āo	凹	báo	跑	biē	边
áo	毫	bào	宝	bié	骈
ào	澳	bǎo	报	biè	扁
ǎo	坳	bâo	抱	biě	变
âo	号	bēe	班	biê	便
at	鸭	bé	陪	big	别
B		bè	板	bik	笔
bā	爸	bě	背	bīn	宾
bá	排	bê	倍	bín	平
bà	摆	beg	勃	bìn	饼
bǎ	拜	bek	不	bǐn	柄
bâ	败	bēn	奔	bîn	病

bō	疤	cǎng	唱	cik	切
bó	扒	cāo	抄	cīn	亲
bò	靶	cào	草	cìn	请
bǒ	霸	cǎo	糙	cǐn	沁
bô	罢	cat	插	cō	车
boē	搬	cē	催	cǒ	岔
boé	盘	cè	产	coē	穿
boě	半	cě	菜	coè	惨
boê	拌	cek	出	coě	串
bog	薄	cēn	村	cok	触
bok	八	cèn	蠢	cōng	葱
bóng	蓬	cěn	秤	còng	宠
bǒng	蹦	cī	妻	cǒng	晱
bông	埲	cì	取	cōu	秋
bū	波	cǐ	砌	còu	丑
bú	婆	ciā	七	cǒu	凑
bù	补	cià	且	cū	初
bǔ	布	ciǎ	筐	cǔ	醋
bû	部	ciak	鹊	cȳ	痴
		ciān	枪	cỳ	鼠
C		ciàn	抢	cy̌	翅
cā	差	ciǎn	呛		
cà	扯	ciāo	悄	**D**	
cǎ	蔡	ciǎo	俏	dā	多~个
cak	尺	ciē	千	dá	拖
cān	昌	ciè	浅	dǎ	带
càn	厂	ciě	倩	dâ	汏
cǎn	畅	ciī	雌	dad	达
cāng	窗	ciǐ	刺	dàn	打
càng	创			dāng	挡

dáng	糖	diāo	刁	dōu	兜		
dàng	挡	diáo	条	dóu	头		
dǎng	党	diào	鸟	dòu	抖		
dâng	荡	diǎo	吊	dǒu	斗		
dāo	刀	diào	掉	dôu	豆		
dáo	逃	diē	颠	dū	多		
dào	捣	dié	甜	dú	图		
dǎo	到	diè	点	dù	赌		
dâo	道	diě	店	dû	度		
dat	搭	diê	电			**E**	
dē	堆	dig	敌	ē	哀		
dé	谈	dik	跌	é	咸		
dè	胆	dīn	丁	è	嗳		
dě	对	dín	停	ě	爱		
dê	代	dìn	顶	ê	害		
deg	特	dǐn	订	eg	合		
dek	得	dîn	定	ek	遏		
dēn	灯	doē	端	ēr	儿 文读		
dén	腾	doé	潭	êr	二 文读		
dèn	等	doè	短	ēn	恩		
děn	顿	doě	断 决~	én	衡		
dên	钝	doê	断 读	ên	恨		
dī	低	dog	读			**F**	
dí	提	dok	笃	fad	罚		
dì	底	dōng	东	fāng	方		
dǐ	帝	dóng	铜	fáng	房		
dî	地	dòng	懂	fàng	访		
diā	爹	dǒng	冻	fǎng	放		
dià	嗲	dông	动	fâng	望 文读		

fat	发	fù	府	geg	稾		
fē	翻	fǔ	付	gek	葛		
fé	烦	fû	武	gēn	根		
fè	反		**G**	gèn	耿		
fě	贩	gā	街	gěn	更~加		
fê	饭	gá	茄	gên	□		
feg	佛	gà	假	gō	瓜		
fek	弗	gǎ	嫁	gó	□		
fēn	分	gâ	解~开	gǒ	挂		
fén	文	gad	轧	goē	肝		
fèn	粉	gak	隔	goé	□		
fěn	粪	gān	粳	goè	敢		
fên	份	gán	□	goê	□		
fī	飞	gàn	哽	gog	搁~浅		
fí	微	gāng	钢	gok	郭		
fǐ	肺	gáng	扛	gōng	工		
fî	未	gàng	讲	góng	□		
fiǎo	麫	gǎng	杠	gòng	巩		
fog	服	gâng	戆	gǒng	贡		
fok	福	gāo	高	gông	共		
fōng	风	gào	稿	gōu	沟		
fóng	冯	gǎo	告	gòu	狗		
fòng	讽	gâo	搞	gǒu	够		
fông	凤	gat	夹	gū	歌		
fōu	否	gē	该	gú	□		
fóu	浮	gé	□	gù	果		
fôu	复又读	gè	改	gǔ	顾		
fū	夫	gě	盖	gû	咕		
fú	扶	gê	陔	guā	乖		

221

guà	拐	hǎo	耗	huek	忽		
guǎ	怪	hat	瞎	hūn	昏		
guà	□	hē	哈	hǔn	混		
guad	□	hè	海	huoē	欢		
guān	光~火	hě	喊	huoè	焕		
guāng	光	hek	黑				

J

guáng	狂	hēn	哼	jī	鸡
guàng	广	hèn	狠	jí	旗
guǎng	□	hō	花	jì	几
guat	刮	hǒ	化	jǐ	寄
guē	关	hoē	蚶	jî	忌
gué	环	hoě	汉	jiā	佳
guè	鬼文读	hok	霍	jiá	□
guě	惯	hōng	烘	jià	贾
guê	愧	hǒng	哄	jiǎ	届
guek	骨	hōu	□	jiak	脚
gùn	滚	hòu	□	jiān	姜
gǔn	□	hǒu	鲎	jián	强
guoē	官	hū	呼	jiân	犟
guoè	管	hù	火	jiāng	江文读
guoě	冠~军	hǔ	货	jiàng	讲文读
		huā	歪	jiǎng	降文读

H

hā	哈	huāng	荒	jiāo	浇
hà	蟹	huàng	谎	jiáo	桥
hak	吓	huǎng	况	jiào	较
hān	亨	huat	豁	jiǎo	叫
hàn	□	huē	灰	jiāo	□
hāo	蒿	huè	毁	jiat	甲
hào	好	huě	贿	jiē	坚

jié	钳	jù	举	kǒ	跨		
jiè	检	jǔ	贵白读	koē	堪		
jiě	剑	jû	跪白读	koè	砍		
jiê	件	jueg	掘	koě	看		
jig	及	juek	决	kok	壳		
jik	结	jūn	军	kōng	空		
jīn	京	jún	群	kòng	孔		
jín	琴	jùn	窘	kǒng	空无不~		
jìn	紧	jûn	郡	kōu	眍		
jǐn	劲			kòu	口		
jîn	近	**K**		kǒu	扣		
jioē	捐	kā	揩	kū	枯		
jioé	权	kà	卡	kù	苦		
jioè	卷	kak	客	kǔ	课		
jioě	绢	kān	坑	kuà	蒯		
jioê	倦	kāng	康	kuǎ	快		
jiog	局	kàng	慷	kuāng	筐		
jiok	菊	kǎng	囥	kuàng	矿		
jiōng	龚	kāo	敲	kuē	筷		
jióng	穷	kào	考	kuè	傀		
jiòng	迥	kǎo	靠	kuě	块		
jiǒng	供文读	kat	掐	kuek	阔		
jiū	纠	kē	开	kūn	昆		
jiú	球	kè	凯	kùn	捆		
jiù	九	kě	嵌	kǔn	困		
jiǔ	救	kek	刻	kuoē	宽		
jiû	旧	kēn	铿	kuoè	款		
jū	居	kèn	肯				
jú	瞿	kěn	□	**L**			
		kō	夸	lā	拉		

là	□	liè	脸	mâ	买		
lâ	赖	liê	练	mad	袜		
lad	辣	lig	立	mag	麦		
lân	冷	līn	拎	mān	□		
láng	狼	lín	灵	mân	孟		
lâng	浪	lìn	吝	máng	忙		
lāo	唠	lîn	领	mâng	网		
láo	牢	lō	□	māo	毛 文读		
lào	捞	lô	哪~个	máo	毛		
lâo	老	loé	栾	mâo	冒		
lē	□	loê	乱	mē	蛮~好		
lé	来	log	六	mé	媒		
lè	磊	lóng	龙	mè	美		
lê	懒	lòng	垄	mê	慢		
leg	勒	lông	弄	meg	墨		
lén	轮	lōu	柳	mēn	闷		
lên	论	lóu	楼	mén	门		
lī	俚	lôu	漏	mèn	猛		
lí	梨	lū	撸	měn	锰		
lì	屡	lú	罗	mên	问 白读		
lî	里	lù	裸	mī	眯		
liag	略	lǔ	鲁	mí	迷		
lián	良	lû	路	mì	□		
liàn	两斤~			mî	米		
liân	亮	**M**		miáo	苗		
liāo	撩	m̄	姆	miào	瞄		
liáo	疗	ḿ	无 白读	miǎo	庙		
liào	料	m̌	亩 白读	mié	棉		
lié	连	mā	妈	miè	勉		

miê	面	neg	纳	niâ	廿~五
mig	蜜	nén	能	niag	捏
mīn	鸣	nên	嫩	niān	娘~~
mín	民	ńg	鱼白读	nián	娘
mìn	抿	n̂g	五白读	niàn	仰
mîn	命	ngá	芽	niân	让
mō	母	ngâ	外	niāng	□
mó	麻	ngad	齾	niáo	饶
mô	马	ngag	额	niào	鸟文读
moē	螨	ngân	硬	niâo	绕
moé	瞒	ngáng	昂	niē	研
moê	满	ngáo	熬	nié	年
mog	摸	ngào	咬	niè	捻
móng	蒙	ngé	呆	niê	验
mông	梦	ngê	碍	nig	热
móu	谋	ngeg	月白读	nín	人白读
môu	茂	ngô	瓦	nîn	认
N		ngoê	软	nioē	原又读
n̄	唔~倷	ngog	岳	nioé	元
n̂n	佲~笃	ngōu	偶	nioê	愿
nā	那	ngôu	藕	niog	玉
nâ	奶	ngū	我文读	nióng	浓
nad	捺	ngú	鹅	niú	牛
náng	囊	ngû	饿	niù	扭
năng	镶	nī	你文读	niû	纽
nâo	脑	ní	泥	nó	拿
nē	乃	nì	拟	nô	哪~吒
né	难	nî	伲	noē	囡
nê	内	niá	鲇~鱼	noé	男

noê	暖	ôu	厚	poě	判	
nog	诺	**P**		pok	扑	
nóng	农	pǎ	派	pòng	捧	
nông	侬	pak	拍	pū	潽	
nū	奴~家	pān	乓	pù	普	
nú	奴	pàn	碰文读	pǔ	破	
nù	努	pǎn	碰文读	**Q**		
nǔ	糯	pàng	髈	qī	欺	
nű	虞	pǎng	胖	qì	起	
nǜ	女	pāo	抛	qǐ	气	
O		pǎo	炮	qiak	却	
ō	丫	pē	攀	qiān	腔~调	
ó	华	pè	呸	qiàn	强勉~	
ò	哑	pě	配	qiāng	框~档	
ô	画	pek	泼	qiāo	跷	
oē	安	pēn	喷	qiào	巧	
oé	含	pī	批	qiǎo	翘	
oè	揞	pì	痞	qiat	恰	
oě	暗	pǐ	屁	qiē	牵	
oê	汗	piāo	飘	qiě	欠	
og	学白读	piào	漂	qik	吃	
ok	握	piǎo	票	qīn	轻	
ōng	翁	piē	偏	qǐn	揿	
óng	红	piě	骗	qioē	圈	
ǒng	鼁	pik	劈	qioè	券	
ōu	欧	pīn	拼	qioě	劝	
óu	侯	pìn	品	qiok	曲	
òu	呕	pǒ	怕	qiōng	穹	
ǒu	□	poē	潘	qiū	丘	

qiù	揪	sè	散~心	siào	小		
qū	区	sě	伞	siǎo	笑		
qǔ	去文读	sê	罪	siāo	□		
quek	缺	seg	十	sie	先		
S		sek	色	sié	前		
sā	筛	sēn	深	siè	选		
sá	柴	sén	城	siě	线		
sà	洒	sèn	笋	siê	贱		
sǎ	啥	sěn	胜	sig	席		
sâ	惹	sên	顺	siī	师		
sad	闸	shȳ	汝	sií	词		
sag	石	sī	西	sìi	史		
sak	螫	sí	徐	siǐ	四		
sān	商	sì	洗	siî	是		
sán	常	sǐ	细	sik	雪		
sàn	省	sî	聚	sīn	星		
sân	剩白读	siá	斜	sín	寻		
sāng	桑	sià	写	sìn	醒		
sáng	床	siǎ	卸	sǐn	信		
sàng	赏	siâ	谢	sîn	静		
sâng	撞	siag	嚼	sō	沙		
sāo	烧	siak	削	só	茶		
sáo	潮	siān	箱	sò	舍		
sào	少	sián	墙	sǒ	晒		
sǎo	燥	siàn	想	sô	嗻唱~		
sào	造	siǎn	相识~	soē	酸		
sat	杀	siân	象	soé	船		
sē	山	siāo	消	soè	闪		
sé	才	siáo	樵	soě	算		

soê	善	tāo	滔	tòu	敨
sog	熟	tào	讨	tǒu	透
sok	缩	tǎo	套	tū	拖
sōng	松	tat	塔	tù	土
sóng	虫	tē	胎	tǔ	褪
sǒng	送	tè	毯	**W**	
sông	重	tě	退	wā	娃
sōu	修	tek	脱	wá	淮
sóu	绸	tēn	吞	wǎ	坏
sòu	手	tèn	汆	wâ	坏 又读
sǒu	瘦	tī	梯	wad	滑
sôu	寿	tì	体	wag	□
sū	苏	tǐ	替	wān	横~对
sú	雏	tiāo	挑	wán	横
sù	锁	tiǎo	跳	wāng	汪
sǔ	素	tiē	天	wáng	黄
sû	坐	tiè	舔	wàng	往
sȳ	诗	tiě	□	wâng	旺 文读
sý	如	tik	贴	wat	挖
sỳ	水	tīn	听	wē	弯
sỳ	试	tìn	挺	wé	还
sŷ	树	tǐn	□	wè	委
T		toē	贪	wě	会
tā	他	toě	探	wê	为
tǎ	太	tok	托	weg	活
tān	□	tōng	通	wek	□
tāng	汤	tòng	统	wēn	温
tàng	淌	tǒng	痛	wén	魂
tǎng	烫	tōu	偷	wèn	稳

wên	混又读	xiok	蓄	yè	演		
woé	完	xiōng	胸	yě	厌		
woè	碗	xiū	休	yê	彦		
woê	换	xiù	朽	yī	衣		
wū	乌	xiǔ	嗅	yí	移		
wú	河	xū	虚	yǐ	亿		
wǔ	焐	xù	许	yî	系		
wû	贺	xuek	血	yig	叶		

X

		xūn	熏	yik	一
xī	希	xùn	训	yīn	音
xì	喜			yín	行~动
xǐ	戏	**Y**		yìn	影
xiā	□	yā	呀	yǐn	印
xiak	□	yá	爷	yîn	引
xiān	香	yà	雅	yō	亚
xiàn	响	yǎ	夜	yoē	鸳
xiǎn	向	yâ	野	yoé	袁
xiāo	嚣	yag	药	yoě	怨
xiào	晓	yak	约	yoê	远
xiǎo	孝	yān	央	yog	浴
xiē	掀	yán	羊	yok	郁
xiè	险	yân	痒	yóng	荣
xiě	献	yâng	旺白读	yòng	永
xik	歇	yāo	腰	yông	用
xīn	鑫	yáo	摇	yōu	优
xǐn	衅	yào	杳	yóu	油
xiō	靴	yǎo	要	yòu	幼
xioē	揎	yâo	舀	yǒu	□
xioě	楦	yē	烟	yôu	有
		yé	盐		

yū	于	zat	扎	ziǐ	恣
yú	余	zē	再	zik	接
yù	与	zè	崭	zīn	精
yǔ	喂 白读	zě	醉	zìn	井
yû	雨	zek	则	zǐn	进
yuad	日	zēn	真	zō	渣
yueg	月 文读	zèn	准	zǒ	炸~弹
yuek	郁~积	zěn	正	zoē	专
yún	云	zì	姊	zoè	占
yùn	允	zǐ	祭	zoě	战
yûn	运	ziā	□	zok	作
Z		zià	姐	zōng	中
zā	抓	ziǎ	借	zòng	总
zà	笊	ziak	爵	zǒng	种~田
zǎ	债	ziān	浆	zōu	周
zak	只一~	ziàn	蒋	zòu	走
zān	张	ziǎn	酱	zǒu	皱
zàn	涨	ziāo	焦	zū	租
zǎn	账	ziǎo	醮	zù	组
zāng	脏	ziē	尖	zǔ	做
zǎng	壮	ziè	剪	zȳ	朱
zāo	糟	ziě	箭	zy̋	主
zào	早	ziī	资	zy̌	志
zǎo	照	ziì	子		